JN441857

알기 쉽고 재미있는

중앙 한국어 워크북

4

알기 쉽고 재미있는
중앙 한국어 워크북 4 (상·하)

초 판 1쇄 발행 2018년 6월 8일
수정판 2쇄 발행 2020년 7월 6일

저 자 | 이찬규 외
책임 편집 | 이훈, 조윤희, 이혜선, 차준우, 이찬희
발 행 | 중앙대학교
등 록 | 제14-1호(등록일: 1977. 8. 31.)
주 소 | 서울 동작구 흑석로 84
전 화 | (02)820-6137
전 송 | (02)822-5495

판매처 | 태학사
등 록 | 제406-2006-00008호
주 소 | 경기도 파주시 광인사길 223
전 화 | (031)955-7580~1(마케팅부) · 955-7587(편집부)
전 송 | (031)955-0910
전자우편 | thaehak4@chol.com
홈페이지 | www.thaehaksa.com

값은 뒤표지에 있습니다.

ISBN 978-89-7207-896-8 04710
978-89-7207-894-4 04710(set)

* 잘못 만들어진 책은 바꾸어 드립니다.

알기 쉽고 재미있는

중앙 한국어 워크북 4 상

차 례

1과 수강 신청은 여간 힘든 게 아니에요

I. 어휘 연습

적성	장래 희망	전공과목	교양 과목	강의 계획서	학점
수강	청강	신청	변경	경쟁률	초과
제한	학사 경고	개강 / 종강	급하다	유용하다	고려하다

1) 올해 입시에서 우리 학교가 가장 높은 ________을 기록하였다.

2) 도서관은 시험 기간에 모든 학생들에게 ________ 없이 개방되어야 한다.

3) 전공을 선택할 때에는 ________을 고려해야 해요.

4) 도서 목록은 책을 찾을 때 ________ 쓸 수 있어요.

5) 모든 과목에서 F를 받으면 ________를 받게 됩니다.

6) 학과에서는 학기가 시작되는 첫 주에 ________ 모임을 열기로 했다.

7) 교양 중국어 수업은 교수님께 허락을 받아서 ________을 하고 싶어요.

8) 수강 신청을 할 때에는 수업 시간과 수업 내용 등을 ________ 합니다.

9) 선생님은 ________을 맞아 마지막 수업 내용을 정리했다.

10) 수강 신청을 하기 전에 반드시 ________를 확인하세요.

11) _________ 서두르면 될 일도 되지 않는다.

12) 그 과목은 광고학과 _________이지만 다른 과 학생들도 많이 듣는다.

13) 이 장치는 제한 시간을 _________하면 자동으로 멈추게 되어 있습니다.

14) 이번 학기에는 장학금을 _________해야겠어요.

15) 열심히 공부했는데 좋은 _________을 받지 못해서 속상해요.

16) 대학을 졸업하기 위해서는 전공과목은 물론 _________을 들어야 졸업할 수 있다.

17) 현재의 계획을 다른 것으로 _________하려면 비용이 너무 많이 든다.

18) 금년에 졸업하려면 이번 학기에 전공과목 3개를 _________해야 합니다.

19) 진나 씨의 _________은 선생님이 되는 것입니다.

MEMO

Ⅱ. 문법과 표현

1. N끼리

1) 이번 토요일에는 아버지의 생신을 기념하기 위해서 ______ 여행을 떠나기로 하였다.

2) 그 전시회는 ________ 졸업 이후의 작품을 모아서 보여주기 위해 마련되었다.

3) 우리는 좋아하는 음식을 하나씩 싸 가지고 와서 ______ 연말 파티를 하기로 하였다.

4) 어렵고 힘든 일도 친한 ________ 하면 더 쉽고 재미있게 할 수 있다.

5) 내가 집으로 돌아간 후에 그 사람들은 모여 앉아서 웃기도 하고 노래를 부르기도 하면서 ________ 신난 모습이었다.

2. A/V-(으)나 // N(이)나

1) 동생은 시험에 합격했어요. 형은 그러지 못했어요.

➡ ____.

2) 그 가수는 노래를 잘해요. 춤은 못 춰요.

➡ ____.

3) 비는 와요. 바람은 불지 않아요.

➡ ____.

4) 그는 유학을 갔어요. 공부는 하지 않고 놀기만 했어요.

➡ ____.

5) 성주 씨는 국문과 학생이에요. 수학을 잘해요.

➡ ____.

3. A/V-(으)ㄴ/는 탓에 // N인 탓에 // V(과거)-(으)ㄴ 탓에

1) 가: 잔다고 하더니 왜 아직 안 자요?

나: ______________________ 배가 불러서 잠을 잘 못 자겠어요.

2) 가: 어제 모임이 몇 시에 끝났어요?

나: 글쎄요. 술을 ______________________ 기억이 잘 나지 않아요.

3) 가: 이건 왜 안 써요?

나: 아뇨, 오랫동안 ______________________ 고장이 났어요.

4) 가: 놀이공원에서 재미있게 놀았어요?

나: 아니요. 사람이 많은 탓에 ______________________________.

5) 가: 그 회사에 지원할 거예요?

나: 아뇨, 아직 졸업을 하지 않은 탓에 ______________________________.

4. 여간 A/V-(으)ㄴ/는 게 아니다 // 여간 A/V-(으)ㄴ/는 N이/가 아니다

1) 가: 기말시험 잘 봤어요?

나: 아니요. 이번 기말시험이 ______________________________.

2) 가: 주말에 바람 쐬러 가지 않을래요?

나: 좋아요. 요즘 날씨가 ______________________________.

3) 가: 저녁에 운동하러 갈래요?

나: 안 돼요. 요즘 회사 일이 ______________________________.

4) 가: 오랜만에 외식하러 나갈까요?

나: 글쎄요. 요즘 식당 음식 값이 ______________________________.

5) 가: 콘서트 어땠어요?

나: 그 가수가 ______________________________.

III. 듣기 연습

01 다음 대화를 듣고 (   )에 쓰십시오.

신입생 여러분, (   ). 여러분은 신입생이라서 (   ) 방법을 잘 모르지요? 지금부터 수강 신청에 대해 안내해 드릴게요. (   ) 아니니까 잘 들으세요. 먼저 2월 10일부터 2월 20일까지가 수강 신청 기간이에요. 먼저 중앙대학교 홈페이지에 (   ). 그런 다음 홈페이지 윗부분의 종합정보시스템을 클릭하세요. 학번과 비밀번호를 (   ) 로그인하는 건 알겠죠? 로그인한 후에 화면 왼쪽의 (   )를 클릭하세요. 먼저 요일과 시간을 확인하고 나서 강의 시간표에 나와 있는 과목의 이름을 선택하면 수강 신청을 할 수 있어요. 과목을 (   ) 강의 계획서를 먼저 읽어 보세요. 강의 계획서는 강의 시간표 아래에서 확인할 수 있어요. 강의 계획서에서 과목명, 강의 시간, 강의 내용, 수업 방식 등을 (   ). 만약 수강 신청 변경을 할 경우에는 3월 3일부터 3월 7일 안에 꼭 하셔야 합니다. 신청 기간을 (   ) 날짜를 잘 기억해 두세요.

MEMO

02 다음 대화를 듣고 (   )에 쓰십시오.

여: 성주야, 너 수강 신청 했니?

남: 응. 그런데 (   ). 수강 신청을 늦게 한 탓에 (   )을 신청 못 했어.

여: 그렇구나. 수강 신청 기간 중이라도 수강 인원 (   ) 신청을 못 하는 경우가 있어. 그래서 빨리 신청해야 해.

남: 그걸 몰랐어. 수강 신청은 역시 (   ) 아니구나.

여: 나도 지난 학기에 내 컴퓨터에 문제가 있어서 제대로 신청 못 했어.
이미 (   ) 이번 학기에는 전공과목 대신 교양 과목을 많이 들어 봐.

남: 난 이번에 이 과목을 꼭 들어야 돼. (   ) 이번 학기에 이걸 수강하지 않으면 졸업을 할 수가 없거든. 그래서 교수님께 메일을 보냈어. 그런데 답장이 오지를 않아. 정말 (   ).

여: 우리끼리 이러지 말고 학과 사무실에 가서 조교 선생님께 상황을 잘 설명해 보자.

남: 그래, 일이 (   ).

MEMO

2과 실례를 무릅쓰고 전화 드립니다

I. 어휘 연습

경우	버릇	안부	용건	옷차림
핑계	양해	윗사람	웃어른	당분간
공손하다	무례하다	수줍다	당황스럽다	어긋나다
공경하다	염려하다	마주치다	고개(를) 숙이다	

1) 성주는 항상 ____________께 예의 바르게 인사를 잘한다.

2) 연말이어서 길이 너무 막혀서 그러니 좀 늦어도 ____________ 주세요.

3) 부모님을 자주 찾아뵙지는 못하니까 ____________ 전화라도 자주 드려야겠다.

4) 지하철이나 버스에서 통화할 때는 작은 목소리로 __________만 간단히 해야 한다.

5) 사람들은 아직 일어나지도 않은 일에 대해서 미리 ____________ 경향이 있다.

6) 부모님을 ____________ 줄 아는 친구는 매일 아침 부모님께 안부 전화를 드린다.

7) ____________에게나 아랫사람에게나 모두 예의에 어긋나지 않게 행동해야 한다.

8) 친구는 자꾸 ____________를 대며 늦은 이유를 말하지 않았다.

9) 학교에 갈 때는 단정한 ____________을 하는 게 좋다.

10) 아무 곳에서나 흡연을 하는 것은 ____________에 어긋나는 행동이다.

11) 그는 인사를 잘 하지 않아서 ____________이 없다는 말을 듣는다.

12) 진나는 운동하다가 다리를 다쳐서 ____________ 병원을 다니면서 치료를 해야 한다.

13) 시험을 못 보고 시험에 떨어졌다고 해서 ____________ 필요는 없다.

14) ____________ 인사하는 것은 좋은 인간관계의 출발이다.

15) 저는 내성적이어서 처음 만나는 사람 앞에서 많이 ____________ 편입니다.

16) 식당에서 밥을 먹은 후에 지갑을 놓고 온 경우가 있었는데 정말 ____________.

17) 친하다는 이유로 ____________ 행동하는 것은 옳지 않다.

18) 학교에 가는데 우연히 고향 친구와 ____________.

19) 부모님의 기대에 ____________ 않게 열심히 공부하겠다.

MEMO

II. 문법과 표현

1. N째

1) 저번 주에 왕명 씨를 봤는데 ________________ 연락이 안 돼요.

2) 아까부터 통화를 한 것 같은데 아직도 하니? 벌써 ________________.

3) 면접시험을 위해서 벌써 옷을 ________________ 구입했지만 마음에 들지 않는다.

4) 건강에 좋다고 해서 물을 ________________ 마시고 있어요.

5) 진나는 그 책이 재미있어 ________________ 읽는다고 했다.

2. V-아/어 버릇하다

1) 늦잠을 자다. 일찍 일어나는 게 너무 힘들다.

➡ ____.

2) 바지만 입다. 치마를 입으면 자연스럽지 않다.

➡ ____.

3) 밖에서 음식을 사 먹다. 용돈이 부족하다.

➡ ____.

4) 도서관에서 공부하다. 시끄러운 곳에서는 집중이 안 되다.

➡ ____.

5) 매일 친구와 통화하다. 전화비가 많이 나왔다.

➡ ____.

3. N을/를 무릅쓰고

1) 영하 15도의 날씨였지만 ____________________ 산에 올라갔다.

2) ____________________ 시험을 끝까지 포기하지 않아 결국 합격했다.

3) 3급에서 배운 내용이지만 잘 몰라서 ____________________ 질문을 했다.

4) 진정한 용기란 ____________________ 모험을 시도하는 것이다.

5) 드라마에는 부모님의 ____________________ 결혼하는 이야기가 많다.

4. N에 불과하다

보기

소문	꿈	10명	작은 일	핑계

1) 가: 어제 너무 미안해. 사고가 나서 약속 시간에 늦었어.
   나: 늦게 출발했으니까 그렇지. 교통사고는 ____________________.

2) 가: 원숭이가 우리와 이야기하는 시대가 올까?
   나: 말도 안 돼. ____________________.

3) 가: 우리 반 학생이 모두 몇 명이니?
   나: 겨우 ____________________.

4) 가: 어제 휴대폰을 잃어버렸다며. 찾았어?
   나: 아니, 그런데 그건 ____________________ 여권까지 잃어버렸지 뭐야.

5) 가: 왕명 씨가 여자 친구가 생겼대요.
   나: 그럴 리가 없어요. ____________________.

III. 듣기 연습

01 다음 대화를 듣고 (　　　　)에 쓰십시오.

학생(여): 선생님, 안녕하세요?

교사(남): 아, 진나 씨, 안녕하세요? (당황한 듯이)

학생(여): 선생님, 왜 그러세요? 제가 (　　　　　　　　　　)…….

교사(남): 아니요…… 그게 아니라, 사실은 1교시 내내 진나 씨랑 함께 수업했는데 (　　　　　　　　　　) 인사를 또 해서요…… 음…… 금방 (　　　　　　) 사람이나 계속 같이 있는 사람에게는 첫 번째에만 '안녕하세요?'라고 인사를 하는 게 더 (　　　　　　　　　　).

학생(여): 어머, 정말요? 저는 만날 때마다 무조건 '안녕하세요?'라고 인사하면 (　　　　　　　　　　).

교사(남): 보통 하루 중에 (　　　　　　　　　　) '안녕하세요?'라고 하고요. 그 다음에는 고개만 숙이거나 '또 만났네요', '자주 (　　　　　　　)'라고 하면 돼요. 아니면 그냥 웃기만 해도 괜찮아요.

학생(여): 아, 그렇군요. 선생님, 전에 (　　　　　　　　) 들어본 적이 있는데, 고개만 숙이는 걸 목례라고 하지요? (　　　　　　　) 사용하는지는 모르고 그냥 단어만 알고 있었어요.

교사(남): 맞아요. (　　　　　) 목례만 하는 것이 더 적절한 상황이 있어요. 지금 같은 경우랑 화장실에서 선생님을 만났을 때도 목례만 하는 게 더 적절하다고 할 수 있어요.

학생(여): 선생님, 정말 감사해요. 다시는 (　　　　　　　　　　) 주의해야겠어요.

무조건 / 내내 / 목례

02 다음 대화를 듣고 (　　　)에 쓰십시오.

학생(여): 어휴, 정말 짜증난다. 뭐 이런 경우가 다 있니?

학생(남): 왜 그래? (　　　　　　　　　　)?

학생(여): 글쎄, 도서관에 내 (　　　　　　　　　　) 애들이 커플 같은데 말이야. 글쎄 계속 큰 소리로 웃고 이야기하는 거야.

학생(남): 세상에! 도서관이 데이트 (　　　　　　　　　　) 그건 정말 너무하네. 다른 사람 생각도 좀 해야지. 학교에서 데이트를 할 때는 다른 장소에서보다 조심해야 하지 않겠어?

학생(여): 그건 그렇지. (　　　　　) 수업 시간에도 그러는 애들이 있잖아. 그건 정말 남에게 (　　　　　　　　) 일인 거 같아.

학생(남): 맞아. 서로 다정하게 지내는 것도 좋지만 남에게 (　　　　　　　　　　) 하지 말아야지. 그런데 그런 것만 피해를 주는 건 아니야.

난 지나치게 (　　　　　) 옷차림 때문에 당황스럽거나 (　　　　　　) 냄새 때문에 머리가 아픈 경우도 많아.

학생(여): 에이, 그래도 그건 개인의 자유인데, 뭐 그런 걸 가지고 그러니?

학생(남): 그런가? 어디까지가 예의이고 어디부터가 실례인지는 좀 어려운 문제지. (　　　　　) 교내 예절을 잘 지키는 건 중요한 일인 것 같아.

3과 열심히 하기는 하는데 너무 어려워요

I. 어휘 연습

교육 제도	조기 교육	영재 교육	가정 교육	평생 교육	수험생
치열하다	민감하다	유리하다	변덕스럽다	답답하다	단속하다
시정하다	좌우하다	지원하다	시달리다	취득하다	

1) 새로 온 사장은 불편하고 잘못된 제도들을 ________________.

2) 농구는 키가 큰 사람에게 ________________ 운동이다.

3) 한국의 ________________는 일반적으로 초등·중등·고등의 3단계로 구분된다.

4) 올해 우리 고등학교에서는 백 명의 ________________이 대입 시험에 합격했다.

5) 경찰은 음주 운전을 ________________ 위한 새로운 방법을 찾아냈다.

6) 영호 씨는 운전 면허증을 ________________ 바로 차를 샀다.

7) 성실한 성격이 한 사람의 일생을 ________________.

8) 이 책의 특징은 유학생에게 ________________ 정보가 많이 실려 있다는 것이다.

9) 사람이 너무 ________________ 믿음이 가지 않는다.

10) 선생님께서는 배우는 데 끝은 없다고 하시며 ________________을 강조하셨다.

11) 그는 이번 학기가 끝난 후에 공군에 ________________ 결정하였다.

12) 요즘 4~5살의 어린 아이들에게 영어를 가르치는 ________________ 열풍이 불고 있다.

13) 우리 학과의 이번 입시 경쟁은 작년보다 ________________.

14) 소식을 몰라 ________________ 마침 전화가 왔다.

15) 그 사람은 의류 계통에서 일을 해서인지 유행에 ________________.

16) 여름이면 더위에 ________________.

17) 과학에 천재적인 재능을 보였던 아이는 ________________을 받기 시작했다.

MEMO

II. 문법과 표현

1. N까지 // A/V-기까지

1) 가: 덥지 않아요? 왜 에어컨을 켜지 않았어요?

   나: ______________________________.

2) 가: 처음 만들어 본 건데, 송편이 어때요?

   나: ______________________________.

3) 가: 어제 성주 씨가 저녁 식사 값을 냈어요?

   나: ______________________________.

4) 가: 왕명 씨, 오늘 왜 늦었어요?

   나: ______________________________.

5) 가: 왜 그렇게 화가 났어요? 동생이 무슨 잘못을 했어요?

   나: ______________________________.

2. V-아/어 치우다

1) 가: 소화가 안 돼요? 점심 때 뭘 먹었어요?

   나: ______________________________.

2) 가: 보고서를 벌써 다 끝냈어요?

   나: ______________________________.

3) 가: 설거지 하는 일이 귀찮지 않아요?

   나: ______________________________.

4) 가: 여기 있던 오래된 가구들은 다 어떻게 했어요?

   나: ______________________________.

5) 가: 우리나라 선수가 수영에서 금메달을 땄다면서요?

   나: ______________________________.

3. A-기는 한데 // V-기는 하는데 (A/V-기는 했는데)

1) 가: 이 책 안 사요?

나: ______________________________.

2) 가: 이번에도 경영학과에 지원할 거예요?

나: ______________________________.

3) 가: 이번엔 그 가수가 1등을 놓쳤군요!

나: ______________________________.

4) 가: 어제 중간시험 잘 봤어요?

나: ______________________________.

5) 가: 부산 여행이 어땠어요?

나: ______________________________.

4. V-는 사이에

1) 가: 잠깐 내가 TV를 ______________ 강아지가 제 책을 찢었어요.

나: 그래요? 책을 새로 사셔야겠네요.

2) 가: 제가 ______________ 수업이 다 끝났어요.

나: 아이고! 수업 시간에 졸면 어떻게 해요!

3) 가: 무엇을 찾고 있니?

나: 잠깐 밖에서 친구들과 ______________ 내 방에 물건이 없어졌어.

4) 가: 그 드라마 아직 안 끝났지?

나: 아니, 네가 마트에 ______________ 드라마가 끝났어.

5) 가: 언제 도둑이 들었어요?

나: 아버지께서 ______________ 집에 도둑이 들었어요.

III. 듣기 연습

01 다음 대화를 듣고 (   )에 쓰십시오.

진행자: 오늘은 직장인 김지윤 씨와 전화 (   ). 김지윤 씨?

김지윤: 안녕하세요?

진행자: 네, 안녕하세요?

김지윤: 저는 이 방송을 (   ), 오늘은 고민을 상담하고 싶어서 전화했어요.

진행자: 어떤 고민인데요?

김지윤: 처음 직장에 다닐 때에는 (   ) 요즘은 제가 시간을 잘 사용하지 못하고 있다는 생각이 들어서요. 특히 퇴근해서 집에 오면 (   ) 하지 않을 때가 많아서 시간이 (   ). 시간을 잘 활용할 수 있는 좋은 방법이 없을까요?

진행자: 요즈음은 직장에 다니면서 학원에 나가서 외국어를 배우거나 저녁 시간을 이용해서 (   ) 취득하는 사람들도 많이 있어요. 김지윤 씨도 회사 업무를 마친 후에 관심 있는 분야에 대해 공부하거나 자격증을 취득해 보는 건 어떠세요? 그러면 퇴근 이후의 시간을 잘 (   ) 취미뿐만 아니라 두 가지 직업을 가질 수 있는 (   ).

김지윤: 정말 괜찮은 방법인 것 같아요.

진행자: 사이버대학교에 (   ) 좋은 방법이에요. 대학교 전공 외에 새로 관심 갖게 된 (   ) 등록해 보세요. 사이버대학에 등록하면 학교에 출석하지 않고도 좋은 수업을 들을 수 있고 (   ) 졸업장까지 받을 수 있어요.

아깝다 / 활용하다

02 다음 대화를 듣고 (　　　　)에 쓰십시오.

남: 안녕하십니까? 중앙 교육의 김성주입니다. 오늘은 교육 전문가를 (　　　　　) 교육에 대해 이야기를 나누어 보겠습니다. 안녕하세요? 이유미 박사님! 우리가 살고 있는 지금은 여러 형태의 교육이 있지요?

여: 네, 그렇습니다. '교육'하면 일단 초등학교에서 중학교, 고등학교, 대학교까지의 학교 교육을 생각하게 되지만 그 밖에도 (　　　　　　　　　　) 교육이 있습니다.

남: 그밖에 어떤 형태의 교육들이 있습니까?

여: 그밖에 가정 교육, 영재 교육, 조기 교육, 평생 교육 등이 있습니다.

(　　　　　　) 집안 어른들이 자녀들에게 가르치는 것을 말한다. 즉 부모가 자녀들이 훌륭하게 성장하도록 가정에서 아이들의 (　　　　　　)과 지식 형성을 도와주는 교육입니다.

남: 그럼 영재 교육은 어떤 교육입니까?

여: 영재 교육은 특별한 재능이 있는 학생들을 대상으로 그 재능을 일찍 키우기 위해 실시하는 교육입니다. 주로 (　　　　　　　　　　　　) 많이 이루어지고 있습니다.

그리고 조기 교육은 학교 교육을 받는 나이가 되기 전에 아이의 (　　　　　　) 키우기 위한 교육입니다. 주로 외국어 교육이나 음악 교육에서 많이 실시하고 있습니다.

남: 그렇군요. 요즘 사회가 점차 복잡해지면서 (　　　　　　　) 더 중요하게 생각하고 있는데요, 평생 교육은 어떤 교육입니까?

여: 평생 교육은 복잡해지는 (　　　　　　　　　) 위해 필요한 교육입니다. 평생 교육의 대상은 현재 회사에 다니고 있는 직장인뿐만 아니라 (　　　　　　　　　　　　)포함됩니다. 이처럼 '교육'은 다양하게 장소의 구분 없이 (　　　　　　　) 이루어지고 있습니다.

남: 그렇군요. 정말 다양한 형태의 교육이 있군요. 그럼 잠시 후에 더 자세한 말씀 들어보겠습니다.

4과 그 사람이 아프다니요?

I. 어휘 연습

청결	체질	전염	과로	증세	예방
자존심	균형	환절기	만성	상징	규칙적
철저히	콜록콜록	처방하다	굵다	가렵다	건조하다
복용하다	느긋하다	고민	유연하다	구부리다	

1) 약국에서 산 약을 먹은 후 아침보다 감기 _________가 좋아졌다.

2) 계절이 바뀌는 _________가 되면 병원을 찾는 사람들이 많아진다.

3) 의사는 환자의 건강 상태를 살펴본 후에 환자에게 적합한 약을 ____________.

4) 고기와 채소를 골고루 섭취해야 _________ 있는 몸을 유지할 수 있다.

5) 병은 생기기 전에 _________을 하는 것이 가장 좋다.

6) 같은 병에 걸려도 _________에 따라서 증상이 다르게 나타나는 것 같다.

7) 성주는 입도 가리지 않고 ____________ 기침을 해 댔다.

8) 일정한 시간에 일어나고 식사하는 ____________ 생활을 해야 한다.

9) 내 친구는 _________이 세서 절대 남에게 먼저 사과하는 일이 없다.

10) 유미는 무릎을 _________ 때마다 무릎이 아파서 병원에 갔다.

11) 의사가 말한 대로 약을 일정한 시간에 ______________ 않으면 안 된다.

12) 그분은 쉬지도 않고 일만 하다가 ______________로 병원에 입원하셨다.

13) 경찰은 음주 운전을 하는 사람들을 ______________ 단속하고 있다.

14) 가족 중의 한 사람이 눈병에 걸리면 가족에게 병이 ______________ 쉽다.

15) 겨울철에 방 안이 ______________ 젖은 수건을 걸어 두면 좋다.

16) 봄만 되면 꽃가루 때문에 재채기를 하는데 약을 먹어도 낫지 않고 __________이 되어 버렸다.

17) 모기에 물리면 심하게 ______________ 참을 수가 없다.

18) 음식을 만드는 사람은 손을 항상 깨끗이 씻어서 __________에 주의해야 한다.

19) 사람들은 비둘기를 평화의 __________으로 생각한다.

20) 갑자기 머리가 가려워 손톱으로 머리를 ______________.

21) 나와 친구는 __________ 저녁을 먹고 집 앞 공원으로 산책을 나갔다.

22) 졸업을 앞둔 대학생들의 가장 큰 __________은 취업 문제이다.

23) 체조 선수들은 몸이 ____________ 보통 사람들은 하기 힘든 동작을 할 수 있다.

II. 문법과 표현

1. N껏

1) 가: 잠도 안 자고 뭘 그렇게 ________________ 만들고 있어요?
   나: 내일 손님이 오셔서 음식을 준비하는 중이에요.

2) 가: 이제는 누구도 신경 쓰지 않고 ________________ 하고 싶은 일을 할 거예요.
   나: 그동안 많이 힘들었나 봐요.

3) 가: 목소리가 왜 그래요?
   나: 어제 노래방에서 ________________ 노래를 했더니 목이 좀 쉬었어요.

4) 가: 제가 준비한 음식이에요. 드실 수 있는 ________________ 많이 드세요.
   나: 이렇게 멋진 생일상은 처음이에요. 잘 먹을게요.

5) 가: 어떻게 하면 못을 잘 박을 수 있어요?
   나: 정확한 위치에 못을 놓고 망치로 ________________ 치면 돼요.

2. A/V-다니요? // V-ㄴ/는다니요? // N(이)라니요?

1) 가: 지금 날씨가 너무 춥죠?
   나: 무슨 말씀이세요? ____________________? 지금 얼마나 따뜻한데요.

2) 가: 왕명 씨는 공부 안 하고 잠만 자고 있죠?
   나: 아니요, ____________________? 얼마나 열심히 공부하고 있는데요.

3) 가: 이건 유미가 잃어버린 핸드폰이에요.
   나: ______________________________? 제가 어제 산 건데요.

4) 가: 지금쯤 유미 씨는 중국에 가고 있을 거예요.
   나: ______________________________? 친구하고 쇼핑 갔는데요.

5) 가: 이번 기말고사가 많이 쉬웠나 봐요.
   나: ______________________________? 얼마나 어려웠는데요.

3. N만큼 // A/V-(으)ㄹ 만큼

보기

생각하기 싫다　　상을 받다　　눈을 뗄 수 없다　　기다려지다　　하늘을 날다

1) 가: 그 여자가 그렇게 예뻐요?
　나: 그럼요. 그 여자한테서 ________________ 예뻐요.

2) 가: 친구가 달리기를 얼마나 잘해요?
　나: 전국 대회에서 매번 ________________ 달리기를 잘해요.

3) 가: 그 드라마가 정말 재미있어요?
　나: 다음 내용이 ________________ 흥미진진해요.

4) 가: 어제 소개팅에서 만난 사람은 어땠어요?
　나: 말도 마세요. ________________ 불쾌했어요.

5) 가: 제주도에 갔을 때 기분이 좋았어요?
　나: 그럼요. 경치가 너무 멋있어서 ________________ 기분이 좋았어요.

4. V-느니 차라리

1) 가: 음식이 맛이 없어도 배고프니까 그냥 먹자.
　나: 싫어. 이런 음식을 ________________.

2) 가: 그 사람과 화해하고 잘 지내면 어때요?
　나: 그럴 수 없어요. 그 사람과 ________________.

3) 가: 할 일이 많으면 동생에게 도와달라고 해 봐.
　나: 동생이 너무 게을러서 동생에게 ________________ 더 나아.

4) 가: 그 고민을 친구에게 이야기해 보세요.
　나: 그 친구는 너무 입이 가벼워요.
　　그래서 친구에게 ________________ 마음이 편해요.

5) 가: 파란 전자사전이 더 멋지기는 한데 비싸니까 빨간 것으로 사는 게 어때요?
　나: 저는 빨간색을 무척 싫어해요.
　　그래서 빨간색을 ________________.

III. 듣기 연습

01 다음 대화를 듣고 (   ) 에 쓰십시오.

안녕하십니까? (   ) 건강교실입니다. 오늘은 어린이나 성인에게 자주 나타나는 (   ) 아토피에 대해 말씀드리겠습니다. 아토피는 피부에 나타나는 (   ) 알레르기 질환입니다. 이 질환은 너무 가려워서 계속 (   ) 피가 날 만큼 가려운 것이 특징입니다.

그럼, 이런 질병은 왜 걸릴까요? 가족 중에 알레르기 (   ) 분이 계시면 이 질병에 걸리기 쉽습니다. 그리고 식품이나 집 먼지 때문에 걸립니다. (   ) 와 습도의 변화나 스트레스 등도 이 질병의 (   ) 됩니다. 가려운 이 질병은 세 가지 치료법이 있습니다. 첫째는 피부를 항상 (   ) 유지해야 합니다. 둘째는 목욕 후에는 로션을 (   ) 피부를 건조하지 않게 하는 것이 중요합니다. 마지막으로 약물 치료가 있습니다. 가까운 병원에서 의사와 상담해 보세요.

언제나 질병은 치료보다는 예방이 더 중요합니다. (   ) 말씀드리면 다음과 같습니다. 집안을 자주 청소하시고 피부를 청결하게 하시는 것이 좋습니다. 그리고 집의 온도와 습도를 (   ) 유지해 주세요. 가능하면 집안에서 애완동물을 기르지 마십시오. (   ) 스트레스를 받지 말고 즐겁게 사시는 것이 제일 중요합니다.

질환 / 습도 / 알레르기 / 로션을 바르다

02 다음 대화를 듣고 (   )에 쓰십시오.

사회자(남): 오늘은 (   ) 이옥주 할머니를 모시고 (   )에 대해 대화를 나누겠습니다. 할머니, 어서 오세요.

할머니(여): 고맙습니다.

사회자(남): 할머니, 올해 연세가 (   )?

할머니(여): 지난달에 100살 생일잔치를 했어요.

사회자(남): 그런데 그 연세에도 아주 건강해 보이세요. (   )이 있다면 뭐가 있을까요?

할머니(여): 뭐 특별한 건 없어요. (   ).

사회자(남): 특별히 잘 드시는 음식이 있으신가요?

할머니(여): 잡곡밥, 나물, 고기를 잘 먹어요. 그런데 많이 먹지는 않아요.

사회자(남): 할머니는 요즘도 일을 하신다고 들었어요.

할머니(여): 나이가 (   ) 가만히 있으면 안 돼요. 조금씩 계속 움직여야 운동도 되고 좋아요.

사회자(남): 지금 사시는 곳은 어디세요?

할머니(여): 아들 내외가 서울 아파트에 (   ) 했어요. 그런데 아파트는 (   ) 못 살겠어요. 그래서 지금 산도 있고 강도 있는 시골에서 삽니다.

사회자(남): 이웃 사람들이 할머니 성격이 (   ) 낙천적인 편이라고 그러셨어요. 그러세요?

할머니(여): 내가 좀 잘 웃어. 그리고 괴로운 일은 오래 생각하지 않는 편이야.

사회자(남): 할머니, (   ) 어떻게 생활하세요?

할머니(여): 5시 일어나서 청소하고 밥하고 밭에 가서 배추도 심어. 그리고 점심때가 되면 밥도 먹고 그리고 나서 낮잠을 (   ). 빨래도 하고, 소하고 개한테 밥도 줘요. 저녁때는 (   ) 놀러 가서 같이 저녁도 먹고. 뭐, 이렇게 살아요.

낙천적이다

5과 지금 가 봤자 직원을 못 만날 거예요

I. 어휘 연습

불법 체류	추방당하다	증명서	접수증	처리	재발급
지역 번호	관공서	관련	거주	제출	조회하다
담당	관할	견학	연중무휴	유의 사항	뒤지다
누르다	신속하다	소지하다	작성하다		

1) 제 친구의 가방을 ______________ 항상 먹을 것이 나와요.

2) 경기도의 ______________는 031입니다.

3) 내일 오세요. 지금 여권을 ______________ 직원이 휴가 중이에요.

4) 저는 신문 기사 중에서 연예 ______________ 기사가 제일 재미있어요.

5) 이 서류가 대학 입학 지원서인데요. 어떻게 ______________ 할지 모르겠어요.

6) 한국에서 ______________를 하면 회사에 취직을 할 수 없어요.

7) 저희 음식점은 ___________ 배달해 주문한 지 10분이면 식사를 하실 수 있습니다.

8) 비자를 신청할 때는 나누어 드린 ____________을 잘 읽어 보시고 실수하시지 않기 바랍니다.

9) 동생이 방송국으로 ____________을 갔다 오더니 방송 일에 관심을 가지게 되었다.

10) 만약 도둑이 들었을 때에는 ______________ 경찰서에 신고하셔야 합니다.

11) 외국인이 불법 취업을 했을 경우에는 바로 ____________.

12) 장사가 잘되는 그 음식점은 명절에도 문을 닫지 않고 ____________로 영업한다.

13) 성주는 대학교를 졸업했다는 졸업 ____________를 회사에 제출하였다.

14) 정부는 서울에서 ____________를 하는 인구수를 줄이기 위해 여러 가지 방법을 찾았다.

15) 여권을 발급받기 위해서는 이 신청서를 ____________ 후 신분증과 함께 주세요.

16) 왕명은 은행에서 통장에 돈이 얼마 남아 있는지 ____________ 보았다.

17) 그는 일 ____________ 속도가 빠르기로 유명해 어떤 일을 시켜도 두 시간이면 끝낸다.

18) 지수는 어두운 집 안에 들어서자마자 스위치를 ____________ 불을 켰다.

19) 교환을 원하실 때는 영수증을 ____________ 방문하시면 됩니다.

20) 잃어버린 학생증을 ____________ 받기 위해 행정실에 갔다.

21) 유미는 돈을 내고 ____________을 받았다.

22) 새로 이사한 집 근처에는 경찰서, 우체국 등의 ____________가 있어 편리할 것 같다.

II. 문법과 표현

1. N마저

1) 가: 1시간이나 늦었잖아요. 늦으면 늦는다고 연락을 해야죠.
   나: 미안해요. 길이 많이 막히고 집에다 ____________ 두고 왔어요.

2) 가: 이번 시험은 잘 봤어요?
   나: 아뇨, 제일 자신 있는 ____________ 못 봐서 너무 실망이 커요.

3) 가: 제일 친한 친구는 올 수 있지요?
   나: 그 ____________ 올 수 없다고 연락이 와서 걱정이에요.

4) 가: 왕명 씨는 요즘 잘 지내죠?
   나: 여자 친구와 헤어져서 웃음도 잃고 ____________ 잃은 것 같아요.

5) 가: 어제 등산은 잘 갔다 왔어요?
   나: 아뇨, 추운데 ____________ 불어서 감기에 걸렸어요.

2. V-기 십상이다

1) 가: 왜 저 두 사람은 항상 사이가 안 좋죠?
   나: 서로를 이해하려고 하지 않으면 언제나 ________________________.

2) 가: 저는 왜 식물을 잘 못 키우죠?
   나: 식물에 대한 관심이 부족하면 잘 못 키우고 ______________________.

3) 가: 여자는 친절한 것도 잘못인가요?
   나: 지나친 친절함은 사랑의 감정으로 오해 ________________________.

4) 가: 저렇게 전자 제품을 조심스럽지 않게 사용하면 고장이 날 텐데…….
   나: 맞아요. 저렇게 사용하면 ____________________________________.

5) 가: 나이 든 어른도 젊은 사람에게 예절을 지켜야 해요.
   나: 맞아요. 그렇지만 보통 예절을 젊은 사람만 지켜야 하는 것으로 __________
   ____________.

3. A/V-아/어 봤자

1) 가: 산 정상은 추울 것 같으니까 옷을 더 두껍게 입고 가세요.

나: ______________ 아직 가을인데 이 정도면 충분해요.

2) 가: 아이들이 잘 먹으니까 양을 더 많이 준비해야 할 거예요.

나: 아이들이 많이 ______________ 얼마나 먹을 수 있겠어요. 괜찮아요.

3) 가: 학교에 지원하기 전에 교수님을 찾아뵙고 싶어요.

나: 그 교수님이 너무 바쁘셔서 ______________ 못 만나실 거예요.

4) 가: 제가 가서 울면서 부탁하면 들어주실까요?

나: ______________ 소용없어. 그 사람은 아주 냉정한 사람이야.

5) 가: 이 휴지로 닦는 것 어때요?

나: 더러운 휴지로 식탁을 ______________ 더 더러워지기만 해.

4. V-도록

1) 가: 식사를 많이 하셨어요?

나: 뷔페에서 ____.

2) 가: 대학교 입학시험 발표를 했어요?

나: 아니요, 그래서 지금 ________________________ 기다리고 있어요.

3) 가: 어제 친구들과 노래방에서 노래를 많이 불렀어요?

나: 네, ____.

4) 가: 그 사람을 사랑해요?

나: 물론이에요. ____.

5) 가: 주말에 본 영화가 슬픈 영화였지요? 많이 울었어요?

나: 네, ____.

III. 듣기 연습

01 다음 대화를 듣고 (   )에 쓰십시오.

(남자 유학생)

저는 중국에서 한국으로 유학을 온 왕명이라고 합니다. 지금 성남시에 거주하고 있습니다. 그런데 얼마 전 제 외국인 등록증이 (   ). 저는 먼저 경찰서에 가서 분실 신고를 하고 접수증을 받아왔습니다. 그것을 가지고 출입국 관리 사무소에 가서 외국인 등록증을 (   ) 받아야 합니다. 그런데 서울 사무소의 (   )를 잘 몰라서 문의 전화를 했습니다. 자동 응답기에서 다음과 같은 안내가 나왔습니다.

(여 안내원)

안녕하십니까? 외국인 종합 안내 센터를 (   ) 감사합니다. 한국어 안내는 1과 별표를 (   ).

출입국 관리 사무소 위치, 관할 구역 및 (   ) 안내는 1번, 사증 결과 조회는 2번, (   ) 0번을 눌러 주십시오.

거주하시는 지역의 지역 번호와 별표를 눌러 주십시오. 경기도 광명시 성남시 안양시 하남시 과천시 (   ) 서울 지역 번호 02를 눌러 주십시오. 이전 단계는 우물정자를 눌러 주십시오. 서울 사무소 1번, 서울 세종로 출장소 2번, 김포 출장소는 3번을 눌러 주십시오. (   ) 우물정자를 눌러 주십시오.

문의 전화 / 자동 응답기

02 다음 대화를 듣고 (　　　　)에 쓰십시오.

유학생 여러분! 여러분은 '(　　　　　　)'이라는 말을 들어 보신 적이 있습니까? 비행기 표나 영화표 예매, 또는 병원 (　　　　　)처럼 출입국 관리 사무소 방문을 예약하는 것입니다. 인터넷을 통해 자신이 방문하기 편리한 날짜와 시간을 정하여 출입국 관리 사무소 방문(　　　　)을 예약하는 제도입니다.

방문 예약을 하려면 먼저 (　　　　　　　　　)에 회원가입을 해야 합니다. 그리고 (　　　　　　)을 한 다음 예약한 날짜와 시간에 출입국 관리 사무소를 방문하면 됩니다. 가실 때 예약 (　　　　　　)은 꼭 가져가야 합니다. 그러면 예약시간에 (　　　　　　) 기다리지 않고 일을 (　　　　)할 수 있습니다.

예약 접수는 (　　　　　　)이기 때문에 언제든지 할 수 있습니다. (　　　　) 예약은 불가능하며 신청하는 날의 다음 날부터 예약이 가능합니다. 예약 (　　　　)는 반드시 방문 (　　　　　) 1일 전에 해야 합니다. 예약 (　　　　)에는 (　　　　)할 수 없습니다. 그리고 예약 시간에서 5분이 지나거나 사무소 및 (　　　　)를 잘못 예약했을 경우에는 모두 (　　　　　　) 됩니다. 주의하시기 바랍니다.

MEMO

6과 서울 타워에 간다면 야경을 감상할 거예요

I. 어휘 연습

관람객	전망대	야경	낭만	나들이	순환 버스
충격	구출	점검	운행	연말연시	쪽지
자정	반짝반짝	갇히다	지연되다	맞이하다	내려다보다

1) 비가 많이 내려서 차 안에 갇힌 부상자 ____________에 시간이 오래 걸렸다.

2) 봄에는 들이나 산에 ____________ 가는 사람들을 자주 볼 수 있다.

3) 밤에 전망대에서 보는 서울의 ____________은 정말 아름답다.

4) 크리스마스뿐만 아니라 ____________에도 데이트하는 연인들이 많다.

5) 내 마음을 짧게 적어서 남자 친구에게 ____________를 보냈다.

6) 아무리 늦어도 ____________까지는 집에 돌아가야 한다.

7) 명절이 되면 지하철 ____________ 시간이 길어진다.

8) 단풍이 들기 시작한 산은 가을의 ____________을 느끼기에 충분했다.

9) 역 앞에는 유명한 관광지 ____________ 시간표가 안내되어 있었다.

10) 마을 사람들은 경치를 감상할 수 있도록 산 정상에 ____________를 설치했다.

11) 우리 집은 한 달에 한 번 정기적으로 가스 시설을 ____________ 있다.

12) 친구는 시험에 불합격했다는 소식을 듣고 ____________을 받은 듯하다.

13) 안개가 많아서 비행기 도착 시간이 조금 ____________ 있다.

14) 동물원에 가면 돌고래 쇼를 보려는 ____________이 많다.

15) 119 구조대원이 좁은 공간에 ____________ 아이들을 구출해 주었다.

16) 사람들은 새해를 멋있게 ____________ 위해 일출을 보러 동해로 간다.

17) 산 정상에서 ____________ 풍경은 정말 멋졌다.

18) 도시와 다르게 시골의 밤하늘에는 별들이 ____________ 빛났다.

MEMO

II. 문법과 표현

1. A-다면 // V-ㄴ/는다면 // N(이)라면

1) 가: 예쁜 친구를 보면 정말 부러워. 나도 친구처럼 ______________ 좋겠다.
   나: 너도 충분히 예쁜데 뭘 그래?

2) 가: 왕명 씨는 10년 전으로 ______________ 무엇을 해 보고 싶어요?
   나: 지금은 돌아가신 할머니를 만나고 싶어요.

3) 가: 잃어버렸던 돈을 다시 ______________ 뭘 할 거예요?
   나: 친구들에게 한턱낼 거예요.

4) 가: 내가 왜 고등학교 때 공부를 안 했는지 모르겠어요.
   지금 내가 ______________ 열심히 공부할 거예요.
   나: 시간은 되돌릴 수 없는 거예요.

5) 가: 복권에 ______________ 세계 여행을 하고 싶어요.
   나: 꿈을 이루려면 복권부터 사세요.

2. V-는 김에

1) 가: 옷 찾으러 세탁소에 ______________ 내 옷도 찾아다 줄래?
   나: 알았어.

2) 가: 언니, 언니 방 ______________ 내 방도 청소해 주면 좋겠다.
   나: 글쎄, 네 방은 네가 알아서 치우는 게 좋을 거 같은데?

3) 가: 이게 웬 화장품이야?
   나: 동생 화장품 ______________ 네 것도 하나 더 샀어.

4) 가: 엄마, 시장에 ______________ 과일 좀 사다 주세요.
   나: 알았다.

5) 가: 나 우체국에 가는데 부탁할 일 없어?
   나: 있어. 우체국에 ______________ 이 편지 좀 부쳐 줘.

3. N이/가 그만이다

1) 가: 한국의 놀이공원 중 가장 재미있는 곳은 어디예요?

나: 놀이공원은 ______________________________.

2) 가: 방학 때 무엇을 하면 좋을까요?

나: 방학 때는 역시 ______________________________.

3) 가: 한국 가수 중에서 누구의 노래를 가장 좋아해요?

나: 노래는 ______________________________.

4) 가: 왕명 씨를 정말 좋아하시는 것 같아요. 무슨 이유가 있어요?

나: 왕명 씨는 ______________. 그래서 함께 있으면 너무 재미있어요.

5) 가: 요즘 재미있는 TV 프로그램이 뭐가 있어요?

나: 요즘에는 ______________________________.

4. V-(으)려던 참이다 / 참이었다

1) 가: 진나 씨 지금 뭐 해요?

나: ______________________________.

2) 가: 밥 먹으러 나갈까요?

나: ______________________________.

3) 가: 수업 시간 내내 전화가 울리던데?

나: ______________________________.

4) 가: 지금 잠깐 얘기할 수 있어요?

나: ______________________________.

5) 가: 교수님께서 오늘 숙제가 뭐라고 하셨어?

나: ______________________________.

III. 듣기 연습

01 다음 대화를 듣고 (   )에 쓰십시오.

성주(남): 서울에서 (   ) 어디야?

진나(여): (   ) 명동이나 동대문 시장, 남대문 시장에 가 봤어.

성주(남): 거기밖에 안 가 봤어? 서울에 (   ) 데가 많은데.

진나(여): 특별히 어디가 재미있는데?

성주(남): 인사동도 재미있어. 여기서는 미술관이나 (   ) 구경할 수도 있어. 옛날 집을 이용한 찻집도 있어서 분위기가 아주 좋아. 그리고 한옥 마을이 있는데, 한국의 옛날 집의 모습을 보면서 한국 사람들이 (   ) 느낄 수 있어.

진나(여): 그런 곳도 있었구나. 또 재미있는 곳은 어디야?

성주(남): 청계천이 있는데 시내 중심에 (   ). 물길을 따라 친구와 걸을 수도 있어. 그리고 (   ) 서울 타워에 올라가서 서울 야경을 감상할 수도 있어.

진나(여): 야경이라고? 아주 (   ) 들린다. 멋있겠다. 빨리 가보고 싶어. 서울 타워에 나랑 같이 가 줄래?

성주(남): 좋아. 사실은 나도 서울 타워에서 야경을 얼마나 (   ) 몰라.

진나(여): 어떻게 가야 돼? 남산 (   ) 걸어서 가는 거야?

성주(남): 걸어서 가도 되고 케이블카를 타고 갈 수도 있어.

진나(여): 그럼 케이블카로 가자.

성주(남): 좋아. 케이블카 (   ) 요금을 알아볼게.

02 다음 대화를 듣고 (　　　)에 쓰십시오.

안녕하십니까? 남산을 (　　　　　　　) 지역뉴스 남산사랑입니다. 연말연시를 맞이하여 서울 타워에서 특별 연장영업을 (　　　　　　) 되었습니다. 특별한 날을 맞아 관광객들에게 좀 더 많은 즐거움을 드리기 위해 연장영업을 (　　　　　　　) 되었습니다. 서울 타워 전망대는 12월 31일에 평소보다 (　　　　　) 더 연장하여 아침 10시부터 1일 새벽 2시까지 영업을 합니다. 1월 1일에는 4시간 일찍 영업을 시작합니다. 그래서 새벽 6시에 문을 열어 자정에 문을 (　　　　　　　). 케이블카와 순환 버스도 전망대 영업시간에 맞춰 연장 운행됩니다. 서울 타워를 방문하시는 남녀 커플에게는 전망대와 케이블카의 이용요금을 (　　　　　　　　　) 드립니다. 전망대와 케이블카를 함께 즐기실 수 있는 표를 이용하셔도 이용요금의 10%를 할인 받으실 수 있습니다. 순환 버스는 12월 31일, 1월 1일에 한하여 (　　　　　　) 운행될 예정입니다. 남산을 구경하시는 여러분에게 도움이 (　　　　　　　　　　　). 많은 이용 부탁드립니다.

MEMO

7과 바다로 여행을 가자면 준비할 게 많아요

I. 어휘 연습

피서	숙박비	바가지요금	성수기	배낭여행	해돋이
기후	지리	장마철	해안가	식중독	익히다
머무르다	여기다	지불하다	휩쓸리다	다짐하다	

1) 그는 아침에 ______________를 계산하고 호텔에서 나왔다.

2) 여름이 되면 해수욕장의 ______________ 때문에 싸움이 많이 난다.

3) 이번 방학에는 유럽으로 ______________을 떠날 예정이다.

4) 휴가가 많은 7월 말에서 8월 초는 ______________이기 때문에 뭐든지 아주 비싸요.

5) 여름에 비가 많이 오는 시기를 ______________이라고 한다.

6) 여름에는 너무 더우니까 바닷가로 ______________를 가자.

7) 나는 ______________보다 해가 지는 것이 더 멋있었다.

8) 여름철에 음식물을 잘못 먹으면 ______________에 걸리기 쉽다.

9) 그는 서울 ______________에는 어두운 편이다.

10) 홍수가 나서 나무가 물에 ______________.

11) 삼겹살을 맛있게 먹으려면 불에 충분히 ____________ 것이 좋다.

12) 지금 현금이 부족해서 숙박비를 현금으로 ____________ 수 없어요.

13) 여행 중에 중앙 호텔에서 언제까지 ____________ 예정이에요?

14) 지수는 엄마에게 다시는 거짓말을 하지 않겠다고 ____________.

15) 노을이 질 때 __________에 나가 조개를 줍거나 산책을 하면 정말 낭만적이다.

16) 그는 모든 일이 잘되고 있는 것으로 ____________ 있었다.

17) 환절기에는 ____________의 변화가 심하기 때문에 옷차림에 신경 써야 한다.

MEMO

II. 문법과 표현

1. V-자면

1) 가: 마이클 씨 천천히 가요. 힘들어요.

나: 해가 지기 전에 산 정상까지 ________________ 빨리 가야 해요.

2) 가: 용돈을 받았으니 유미 씨가 원하는 가방을 사는 것 어때요?

나: 원하는 가방을 ________________ 이 돈으로는 부족해요

3) 가: 철수 씨, 일어나요. 해돋이 보러 가요.

나: ________________ 두 시간은 더 있어야 해요.

4) 가: 한국 회사에 ________________ 무엇이 필요해요?

나: 한국어능력시험 합격증이 있어야 해요.

5) 가: ________________ 사람이 몇 명 필요해요?

나: 3명쯤 필요해요.

2. N와/과 동시에 // V-는 동시에 // N인 동시에

1) 가: 마이클 씨와 수잔 씨 결혼 소식 들었어요?

나: __________________________ 결혼한대요.

2) 가: 수업 후에 뭐 해요?

나: __________________________ 아르바이트를 가요.

3) 가: __________________________ 라디오를 들을 수 있어요?

나: 저는 둘 다 할 수 있어요.

4) 가: 건강하게 사는 방법이 뭐예요?

나: __________________________ 물을 마시면 건강하게 살 수 있어요.

5) 가: 커피숍에서 일하면 좋아요?

나: __________________________ 한국어를 배울 수 있어요.

3. A/V-아/어서 그래요 // N(이)라서 그래요

1) 가: 왜 도서관이 문을 닫았어요?

나: ______________________________.

2) 가: 오늘 운동장에 사람들이 많네요?

나: ______________________________.

3) 가: 이 그림은 왜 비싸요?

나: ______________________________.

4) 가: 서점에 전공 책이 없대요?

나: ______________________________.

5) 가: 영화표가 없어요?

나: ______________________________.

4. N에/에게 달려 있다 // V-기에/느냐에/는가에 달려 있다

1) 가: 이번 주말에 등산 가는 것 확실해요?

나: 등산 가고 못 가고는 ______________________________.

2) 가: 진희 씨 생일 선물 뭐 살 거예요?

나: 생일 선물로 뭐 살지는 ______________________________.

3) 가: 이번 시험에 합격 할 수 있을까요?

나: 합격하고 못 하고는 ______________________________.

4) 가: 매일 운동하면 날씬해질 수 있어요?

나: 날씬해지는 것은 ______________________________.

5) 가: 이번 휴가 기간은 성수기라서 호텔이 없을 것 같아요?

나: 호텔이 있고 없고는 ______________________________.

III. 듣기 연습

01 다음 대화를 듣고 (   )에 쓰십시오.

선배(남): 이번 여름 방학에 우리 동아리에서 여행을 (   ) 어디가 좋을까?

후배(여): 글쎄요, 일단 거리나 비용부터 (   ) 장소를 정해야 할 것 같아요.

선배(남): 그렇지. 거리는 (   ) 있는 곳으로 가는 게 좋을 것 같고, 비용이야 (   ) 좋겠지. 그것보다 산으로 갈 건지 바다로 갈 건지를 먼저 정해야 할 것 같아.

후배(여): 그렇군요. 아, 여름이라 바다가 좋을 것 같긴 한데. 근데 (   ) 수영복을 입어야 하겠네요. 다이어트 시작해야겠는데요. 에이, 그냥 산으로 가요.

선배(남): 하하하! 우리 동아리 여행 장소가 네 다이어트의 (   ) 달려 있구나! 수영복을 입을 (   ) 그냥 편하게 입으면 돼.

후배(여): 그렇군요! 휴, 다행이다. 그럼 시원한 바다로 가요.

선배(남): 그래. 해양 스포츠도 (   ) 그게 좋겠다.

후배(여): 저도 수상스키나, 보트 타는 걸 진짜 좋아해요. 하지만 여행에선 (   ) 먹는 재미가 최고지요.

선배(남): 물론 그렇지. (   ) 회도 한 번 먹고 지역 특산물 요리도 꼭 먹어야지.

후배(여): (   ) 비용이 꽤 많이 들겠는데요. 해안가에서는 라면을 (   ) 음식을 시켜먹는 것도 싸고 좋은데요.

선배(남): 숙박은 내가 동해안에서 민박 (   ) 분을 알고 있으니까 한번 알아볼게.

후배(여): 우와, 정말 잘됐네요. 그럼 동해안으로 가니까 (   ) 꼭 보고 왔으면 좋겠고, 또…….

선배(남): 네 (   ) 다 하면 돌아오는 동시에 우리 모두 지쳐서 쓰러지겠다.

02 다음 대화를 듣고 (   )에 쓰십시오.

아들(남): 엄마, 저 이번에 친구들이랑 바닷가로 (   ) 했어요.

엄마(여): 그건 좀 (   ). 피서지는 위험한 일이 많아.

아들(남): 엄마. 저도 이제 성인이고 다 컸다고요. 위험할 일이 뭐가 있어요?

엄마(여): 얘, 뉴스도 안 봤니? 어제도 물놀이 하다가 (   ) 인명피해가 발생했다는구나.

아들(남): 그건 동해안이라서 그래요. 저는 파도가 (   ) 서해안으로 가니까 괜찮을 거예요.

엄마(여): 그래, 그럼 조심해서 다녀와야 한다. 그리고 여름철에 바닷가에 가서는 아무거나 먹어서는 안 된다. 꼭 (   ) 먹어야 하고 물도 끓여 먹고 말이야. 요즘 식중독이나 (   ) 유행한다는데.

아들(남): 네. 걱정 마세요. 엄마 허락을 받자면 가기 전에 (   ) 잘 챙겨야겠는데요.

엄마(여): 그것보다 이번 여행은 네 기말 성적에 (   ).

아들(남): 그건 곤란한데요. 기말 시험을 (   ) 여행을 가기로 했거든요. 성적은 그 다음 주에나 나올 텐데…….

엄마(여): 그렇다면 시험을 잘 보겠다는 (   ) 확실히 해야 해.

8과 마당놀이가 흥겹더라고요

I. 어휘 연습

하회탈	탈춤	관중	광대	가면극	마당놀이
사물놀이	몸짓	덩실덩실	막상	출전하다	협연하다
수상하다	신경 쓰다	이어지다	빠지다	전래하다	흥겹다
배려하다	엄청나다	상관하다	불평하다		

1) 많은 __________ 앞에 서서 노래를 하려니까 많이 떨려요.

2) 언니는 요즘 사랑에 __________ 행복하게 살고 있다.

3) 사람들은 흥겨운 __________ 장단에 맞추어 너도 나도 춤을 추며 노래를 불렀다.

4) 발표 준비를 열심히 했지만 __________ 발표를 하려고 무대를 보니까 자신이 없어진다.

5) 내 동생은 여러 무용 대회에 나가서 __________ 경험이 있다.

6) 칠순 잔치 때 우리 할머니는 장단에 맞춰 __________ 어깨춤을 추셨다.

7) 성주는 이번 공연에서 사자의 탈을 쓰고 __________을 추었다.

8) 외국 여행을 할 때 그 나라 말을 몰라서 __________으로 의사소통을 했다.

9) 그는 그 지역에 __________ 노래를 오래전부터 연구해 왔다.

10) 신경이 예민할 때는 작은 일에도 __________ 된다.

11) 다음 주에 세계 대회에 ____________ 되어 있다.

12) '정직하게 살자'라는 말은 우리 할아버지 때부터 ____________ 가훈이다.

13) ____________에 나오는 배우들은 모두 가면을 쓰고 있어 얼굴을 알아보기 힘들다.

14) 무대에서 연주되고 있는 음악이 ____________ 신이 난다.

15) 영화배우, 가수, 탤런트 등 연예인에 해당하는 사람을 옛날에는 ____________라고 불렀다.

16) 전에 살던 집에 비하면 새로 이사 온 집은 ____________ 컸다.

17) 그 남자는 공연에서 ____________을 쓰고 춤을 추었다.

18) 영화관에서는 뒤에 앉은 사람을 ____________ 모자는 벗는 것이 좋다.

19) 동생은 주말동안 해야 할 일이 너무 많다고 ____________.

20) ____________는 배우와 관중이 하나가 되어 어울려 웃고 춤추는 공연이다.

21) 이번에 우리 팀과 ____________ 연주자는 세계적으로 유명한 기타리스트이다.

22) 나는 내 일로도 바쁜데 남의 일에 ____________ 싶지 않았다.

II. 문법과 표현

1. N당

1) 가: 요즘 아르바이트는 얼마 정도 해요?

나: ___________ 10,000원이에요.

2) 가: 출산율이 많이 줄어든 것 같아요.

나: 네, 한 ___________ 거의 한 명 정도 아기를 낳고 있대요.

3) 가: 달러로 환전을 하려고 하는데 오늘 환율이 어떻게 돼요?

나: 달러가 좀 내려가서 1___________ 1,150원이에요.

4) 가: 국민 소득이 작년보다 올해에 더 좋아졌을까요?

나: 수출이 잘 돼서 ___________ 국민 소득이 200만 원씩 올랐대요.

5) 가: 이 토마토는 얼마예요?

나: 100___________ 500원이에요.

2. A/V-던 // N(이)던

1) 가: 뭘 그렇게 찾고 있니?

나: 조금 전까지 ___________ 볼펜이 어디로 갔지?

2) 가: 미인 대회에서 1등을 할 정도로 ___________ 진나가 지금 얼굴이 왜 그렇게 변했어요?

나: 10년 동안 고생이 많았어요.

3) 가: 지금까지 가장 친한 ___________ 네가 나에게 어떻게 그럴 수 있어?

나: 사람은 상황에 따라서 변할 수 있어.

4) 가: 이곳은 고민이 있을 때마다 와서 ___________ 곳이에요.

나: 쉬기에 좋은 장소네요.

5) 가: 어제 길에서 유미 씨가 지나가는 것을 봤어요.

나: 뭐라고요? 말도 안 돼요. 얼마 전에 큰 수술 때문에 병원에 ___________ 사람을 어떻게 만날 수 있겠어요.

3. A/V-더라고요 // N(이)더라고요

1) 가: 어제 소개 받은 사람은 어땠어요?

나: 사진보다 실물이 ____________________.

2) 가: 발표는 잘했겠죠? 준비를 많이 했으니까?

나: 아니에요. 막상 사람들 앞에 서니까 정말 ____________________.

저는 무대 체질이 아닌가 봐요.

3) 가: 그 사람은 어제도 늦지 않았나요?

나: 아니요, 어제는 약속 시간에 정확하게 ____________________.

4) 가: 내일이 시험이라고 했지?

나: 선생님께 여쭤 봤는데 다음 주 ____________________.

5) 가: 그 친구와 화해했어요?

나: 말을 먼저 했는데 쳐다보지도 ____________________.

4. A/V-거나 말거나

1) 가: 그 사람이 안 오면 어떡하죠?

나: 그 사람이 ____________________ 저는 신경 안 써요.

2) 가: 이렇게 비싼 것을 샀어요?

나: 내가 무엇을 ____________________ 무슨 상관이에요?

3) 가: 사람들이 웃으면 어떻게 해요?

나: 남들이 ____________________ 신경 쓰지 마시고 준비한 대로만 열심히 하세요.

4) 가: 그 사람이 너에 대해서 나쁜 소문을 내고 다니는 것 같아.

나: 그 사람이 나쁜 소문을 ____________________ 관심 없어.

5) 가: 네 남자 친구가 다른 여자를 만나고 있더라.

나: 다른 여자를 ____________________ 우린 이미 헤어진 사이야.

III. 듣기 연습

01 다음 대화를 듣고 (   )에 쓰십시오.

안동 탈춤은 약 500년 전부터 마을 사람들의 (   ) 위해 추던 탈춤이었습니다. 안동 탈춤에는 많은 탈들이 (   ). 안동 탈춤에 등장하는 탈의 모습을 남자 탈과 여자 탈로 나누어 살펴보면 다음과 같습니다.

남자 탈은 여자 탈에 비해 (   ) 잘 나타나 있는 것이 특징입니다. 우선 양반탈은 웃는 모습에 양반의 여유가 잘 표현되어 있는 탈로 코가 삐죽해서 (   ) 줍니다. 그리고 선비 탈은 (   ) 얼굴에 몹시 화가 난 것 같은 모습으로 강한 느낌을 주는 탈입니다. 백정 탈은 몸에 비해 큰 얼굴이 있는 탈로 (   ) 따로 떨어져 말을 할 때 턱 부분이 움직일 수 있게 제작되었습니다. 초랭이 탈은 검은색 모자를 쓰고 입이 (   ) 재미있습니다. (   ) 항상 웃는 얼굴을 한 탈로 다른 탈과 다르게 턱이 없는 것이 특징입니다.

여자 탈은 남자 탈에 비해 얼굴에 표정이 잘 나타나 있지 않습니다. 여자 탈로는 각시 탈, 할미 탈, 부네 탈이 있습니다. 각시 탈은 머리 위에 (   ) 올려놓았고, 머리는 두 귀를 덮은 탈입니다. (   )은 다른 탈에 비해 크게 웃지 않고 살짝 미소를 지은 것이 다릅니다. 할미 탈은 늙은 할머니의 모습을 표현한 탈로 눈은 둥글고, 눈과 눈 사이에 주름이 있습니다. 볼과 눈, 입 주변에 (   ) 특징입니다.

MEMO

02 다음 대화를 듣고 (　　　　)에 쓰십시오.

여: 어제 마당놀이를 (　　　　　　　　　　　　　), 정말 재미있더라고요.

남: 제목이 뭐였는데요?

여: 효녀 심청전이었어요.

남: 심청전은 한국 (　　　　　　　　　　　　　) 아는 유명한 옛날이야기죠.

여: 그런데 마당놀이는 정확히 (　　　　　　　　　　　　)?

남: 마당에서 이루어지는 모든 전통 공연을 마당놀이라고 해요. 풍물놀이, 탈춤, 판소리 등이 마당놀이라고 할 수 있어요. 그런데 어제 본 마당놀이는 (　　　　　　　　　) 이해했어요?

여: (　　　　　　　　　　　　) 부분도 있었지만 괜찮았어요.

남: 가장 기억에 남는 부분은 뭐였어요?

여: (　　　　　　　　　　) 심청이 아버지가 눈을 뜨는 (　　　　　　　　　　).
이때는 친구는 물론 많은 관객들도 눈물을 (　　　　　　　).

남: 정말 감동을 받은 것 같네요.

여: 마당놀이는 오페라나 연극과는 좀 (　　　　　　　　　　　　).

남: 어떤 점이 다른 것 같아요?

여: (　　　　　　　) 연기자와 함께 공연에 참여하는 거요. 그래서 관객들은 연기자가 울 때 같이 울고, 연기자가 노래할 때 같이 노래했어요. (　　　　　　　) 모든 사람이 함께 덩실덩실 춤도 추었어요. 이런 점들이 다르다고 느꼈어요. 특별한 경험을 하고 왔어요.

남: 마당놀이 매력에 (　　　　　　　　　　　　).

9과 차를 마시니 마음의 여유가 생기던데요

I. 어휘 연습

인생	겸손	미덕	조언	정적 / 동적
객관적	집중	정서적	효능	비판
타당성	갈증	차분하다	건전하다	깨우치다
차지하다	음미하다	다스리다	고요하다	

1) 이번 설문에서 긍정적인 답변이 40%를 ____________.

2) 그 나라의 왕은 넓은 영토와 많은 국민을 ____________ 위하여 어릴 때부터 왕이 해야 할 일들을 배웠다.

3) 녹차는 항암 효과가 있고, 다이어트에 ____________이 있다.

4) 돈이 중요하긴 하지만 ____________의 전부는 아니다.

5) 우리 아이는 너무 산만해서 공부에 ____________하는 법을 연습해야 해요.

6) 벼는 익을수록 고개를 숙이고 사람은 성숙할수록 ____________하게 된다.

7) 겸손은 옛날부터 우리가 중요하게 생각해왔던 ____________이었다.

8) 나는 한식집을 하라는 전문가의 ____________을 듣고 사업을 하기로 결심했다.

9) 정부에서는 그 지역에 지하철이 필요한지 ____________을 검토했다.

10) 나는 조용하고 ____________인 사람을 좋아하는 편인데 남자 친구는 너무 시끄럽고 ____________인 사람이다.

11) 이번 발표는 많은 문제점들 때문에 교수님들과 친구들로부터 ____________을 받았다.

12) 발표자가 친한 친구이지만 ____________인 입장에 서서 정확하게 평가해 주세요.

13) 새로 산 녹차의 맛을 충분히 ____________ 위해 녹차를 천천히 마셨다.

14) 수술은 무사히 마쳤으나 지금은 ____________ 안정이 필요합니다.

15) 할머니께서는 내가 미처 몰랐던 잘못을 ____________ 주셨다.

16) 더운 여름날에 운동을 하면 ____________이 나서 계속 물을 마시게 된다.

17) 평소 ____________ 생활 습관을 가지면 몸과 마음이 건강해진다.

18) 그는 어떤 상황에서도 떨지 않고 ____________ 행동했다.

19) 놀던 아이들이 떠난 운동장은 ____________.

MEMO

Ⅱ. 문법과 표현

1. N(이)야말로

1) 가: 행복을 위해서 가장 필요한 것은 무엇이라고 생각합니까?
   나: ____.

2) 가: 건강을 지키는 좋은 방법이 뭐가 있어요?
   나: ____.

3) 가: 공부를 잘하는 방법이 뭐예요?
   나: ____.

4) 가: 좋은 회사에 취직하기 위해서 가장 필요한 것은 무엇이라고 생각합니까?
   나: ____.

5) 가: 전공을 선택할 때 가장 중요한 게 뭐라고 생각해요?
   나: ____.

2. A/V-더라도

1) 가: 너무 힘들어 운동을 그만두면 안 될까?
   나: 아무리 ______________________________________.

2) 가: 이제 그만하고 자. 너무 졸리겠다.
   나: ________________ 시험 준비가 안 끝나서 잘 수 없어요.

3) 가: 조금 전에 나간 손님 때문에 너무 화가 나요.
   나: ____.

4) 가: 방학이 되면 어디 놀러 갈래?
   나: ____.
   한국어능력시험 준비를 해야 해요.

5) 가: 수영을 배워야 하는데 너무 무서워서 배울 수가 없어요.
   나: ____.

3. A/V-던데요 // N(이)던데요

1) 가: 어제 결혼식은 신부가 너무 예뻤죠?
   나: 네. 정말 ____________________.

2) 가: 오늘 수업 휴강인가요?
   나: 아까 마이클 씨가 ____________________.

3) 가: 누가 컴퓨터를 고쳤어요? 혹시 아세요?
   나: 어제 왕명 씨가 ____________________.

4) 가: 마이클 씨는 정말 한국어를 잘하는 것 같아요.
   나: 평소에 열심히 ____________________.

5) 가: 어제 미도리 씨가 테니스 치는 것 봤어요?
   나: ____________________.

4. V-(으)려고만 들다

1) 가: 요새는 아이가 밥 잘 먹어요?
   나: 아니요, ____________________.

2) 가: 제인 씨가 아프다면서요? 병원에 갔어요?
   나: 병원은 안 가고 ____________________.

3) 가: 저 남자 성격이 어때요?
   나: 별로예요. 왜냐하면 ____________________.

4) 가: 졸리다가도 ____________ 잠이 안 와요.
   나: 그래도 참고 누워 있어 보세요.

5) 가: 노래를 많이 부르면 노래를 잘할 수 있을까요?
   나: ____________________.

III. 듣기 연습

01 다음 대화를 듣고 (   )에 쓰십시오.

왕명(남): 진나야 너는 (   ) 좋아하니?

진나(여): 응, 자주 마시는 편이야. 넌 어때?

왕명(남): 나도 좋아해. 난 (   ) 마셔. 넌 주로 어떤 차를 마시니?

진나(여): 나는 주로 유자차를 마셔.

왕명(남): 아. 그렇구나. 감기에 (   ) 유자차를 마시면 좋다는 얘기를 들은 것 같아.

진나(여): 그래? 그럼, 녹차는 (   ) 알아?

왕명(남): 당연하지. 녹차는 암을 (   ) 다이어트 효과도 있어. 그리고 성인병도 예방해 줘.

진나(여): 너 이제 보니 차 (   )! 그러면 혹시 유자차 만드는 방법도 알고 있어?

왕명(남): 응. 알고 있어. 먼저 유자를 깨끗하게 씻어서 물기를 (   ). 그리고 유자를 잘라서 (   ).

진나(여): 아, 그런 다음에 껍질을 길고 가늘게 썰어서 설탕과 함께 병에 (   ) 거구나.

왕명(남): 맞아. 하루 정도 있다가 냉장고에 일주일 정도 (   ).

진나(여): 고마워. 생각했던 것보다 쉬운 것 같아. 오늘 당장 집에 가서 만들어 봐야겠어.

02 다음 대화를 듣고 ( )에 쓰십시오.

유미(여): 나 주말에 보성에 ( ) 너 혹시 보성이라는 곳을 아니?

성주(남): 응. 당연히 알지. 차밭으로 유명한 곳이잖아.

유미(여): 맞아. ( ) 우리나라에서 차밭으로 제일 유명한 곳이지. 우리나라 차 생산의 40% 정도를 ( ) 곳이거든.

성주(남): 아, 그렇구나. 서울에서 보성까지 가려면 얼마나 걸려?

유미(여): 버스를 타고 가면 ( ) 걸려.

성주(남): 그렇구나. 나도 이번 방학에 가 봐야겠어.

유미(여): 그곳에 가면 차 축제도 ( ). 축제에 참여하면 차에 관한 여러 가지 체험을 할 수 있어서 좋아.

성주(남): 어떤 행사들이 있어?

유미(여): 응. 차 잎을 직접 ( ) 차를 직접 만들어 볼 수도 있어. 그리고 차 마시는 방법에 대해 배울 수도 있어.

성주(남): 차 마시는 방법? ( ) 말하는 거니?

유미(여): 그래, 다도야말로 차를 즐기는 사람이라면 꼭 알아야 하는 것이지.

성주(남): 그런데 다도는 어떻게 하는 거야? 너무 어렵지 않을까?

유미(여): 다도에서 제일 중요한 건 차를 우리고 향을 ( ) 조용히 마음을 다스리는 거래.

성주(남): 그렇구나. 나도 차를 마시며 정신을 ( ) 방법을 배우고 싶다.

유미(여): 그럼 너도 이번 주말에 한번 가보는 게 어때?

따다

10과 윷놀이가 이렇게 재미있다니

I. 어휘 연습

소원	연휴	음력 / 양력	풍습	마무리	덕담
재래시장	재채기	벌어지다	증정하다	꾸미다	(명절을) 쇠다
울리다	동행하다	불리하다	풍성하다	챙기다	

1) 백화점이나 마트가 많이 생겨서 ____________을 찾는 사람이 줄어들고 있다.

2) 부모님께서 올해에도 건강하고 행복하라는 ____________을 해 주셨습니다.

3) 그는 음식이 매워서 계속 ____________를 해댔다.

4) 대부분의 사람들이 명절을 ____________ 위해 고향으로 돌아갑니다.

5) ____________을 말하기만 하면 다 이루어졌으면 좋겠다.

6) 한국의 설날은 ____________ 1월 1일이고, 일본의 설날은 ____________ 1월 1일이다.

7) 누나는 퇴근 후 소개팅이 있어서 예쁘게 ____________ 출근했다.

8) 이번 추석 ____________는 일주일이나 된다.

9) 두 나라 사이에 전쟁이 ____________ 것처럼 긴장된 상황입니다.

10) 나라마다 언어와 ____________이 다르다.

11) 이제 4년간의 유학 생활을 ______________하고 고향으로 돌아갑니다.

12) 지하철을 이용할 때는 애완동물과 ______________ 수 없습니다.

13) 형은 언제나 나를 잘 ______________ 주는 편이다.

14) 전화벨이 계속 ______________ 너무 바빠서 전화를 받을 수 없었다.

15) 새로 문을 연 서점에서 무료로 기념품을 ______________ 있습니다.

16) 목소리가 작으면 면접시험을 볼 때 ______________.

17) 추석이나 설날에는 먹을거리가 ______________ 넉넉합니다.

MEMO

II. 문법과 표현

1. N(으)로서

1) ______________ 어떻게 그런 무서운 일을 할 수 있을까?

2) 부모님께 효도하는 것은 ______________ 당연히 해야 할 일이다.

3) 이 회사의 ______________ 여러분께 사과의 말씀드리겠습니다.

4) 언니는 아버지의 ______________ 부족함이 없다고 생각했었다.

5) 진정한 ______________ 그에게 진심을 담은 충고를 해 주었다.

2. A/V-듯(이)

1) 가: 엄마, 오늘 모임이 있어서 자정에 와도 될까요?
   나: 어제도 ____________, 밤늦게 오는 건 안 된다.

2) 가: 드라마 내용이 너무 우울해서 마음에 안 들어.
   나: 그렇지만 작가도 __________, 드라마는 현실이 아니니까 너무 우울해 하지 마.

3) 가: 길이 너무나 막힌다. 오늘 안에 고향에 도착할 수 있을까?
   나: 새가 하늘을 ____________, 나도 날아서 가고 싶다.

4) 가: 어떻게 하면 살을 뺄 수 있을까?
   나: 식사를 ____________, 운동을 챙겨서 해 봐.

5) 가: 요즘 너무 바쁘고 힘들어요. 편하게 쉬는 날이 올까요?
   나: 밤이 지나면 다시 아침이 ___________, 힘들 날은 지나고 쉬는 날이 올 거야.

3. A/V-다니 // N(이)라니

1) 가: 어제 사오리가 약속 시간에 안 나왔어. 무슨 일이 있나?
   나: 정말? 사오리같이 성실한 애가 ____________________.

2) 가: 내일이 졸업식이야. 한국에 온 게 엊그제 같은데……
   나: 그러게. 벌써 ____________________.

3) 가: 어제 노래방에 갔다면서?
   나: 어. 정말 놀랐어. ____________________.

4) 가: 왕명 씨가 여자 친구와 헤어졌대.
   나: 무슨 소리야? 그렇게 ____________________.

5) 가: 어제가 우리 엄마 생신이었는데 깜박했지 뭐야.
   나: 정말 서운하시겠다. ____________________.

4. V-(으)ㄹ락 말락 하다

1) 가: 공부할 게 많아서 책을 이렇게 많이 가져왔어요.
   나: 세상에. 가방이 ____________________. (터지다)

2) 가: 왜 그래요? 안 좋은 꿈을 꿨어요?
   나: 꿈에서 호랑이에게 ____________ 계속 쫓겼어. (잡히다)

3) 가: 우리 학교에서 남산이 보여요?
   나: 네, 그런데 오늘은 날씨가 흐려서 ____________________.

4) 가: 여보세요? 안 들려요? 여보세요?
   나: 소리가 너무 작아서 ____________________.

5) 가: 밖에 비가 와요?
   나: 아직 안 와요. 구름이 많이 낀 게 ____________________.

III. 듣기 연습

01 다음 대화를 듣고 (   )에 쓰십시오.

앵커(여): 이제 곧 우리 민족 최대의 명절 설날이 (   ). 그런데 다른 나라의 설 모습은 어떨까요? 중국과 일본을 (   ) 세계의 설 풍습을 김성주 기자가 취재했습니다.

기자(남): 어느 나라나 새해 첫날은 가장 큰 명절이라고 할 수 있습니다. 중국은 설을 춘절이라고 하는데 보통 (   ) 설 연휴를 갖습니다. 일본은 한국이나 중국과 (   ) 양력으로 1월 1일을 명절로 정하여 3일 정도 연휴를 갖습니다. 중국이나 일본은 우리나라와 같이 신년을 가족과 함께 맞이하며 조상이나 신에게 (   ) 잘 보내게 해 달라는 기도를 합니다.

이번에는 서양의 신년 모습을 알아보겠습니다. 서양인들은 12월 31일 밤에 친구나 가족들이 모여 (   ) 맛있는 음식을 먹으면서 춤추고 노는 새해 파티를 엽니다. 자정에 새해를 알리는 종이 울리면 모두 기뻐하고 서로 축하합니다.

이제 곧 우리 민족 최대의 명절이자 세계인의 축제가 되는 설이 시작됩니다. 날짜와 풍습은 각각 다르지만 한 해를 (   ) 새해를 기쁨으로 맞이하고자 하는 마음은 세계적 (   ) 것 같습니다.

지금까지 중앙 뉴스의 김성주였습니다.

02 다음 대화를 듣고 (　　　　)에 쓰십시오.

유　미(여): 마이클 씨, 어서 오세요. 길이 (　　　　　　) 않았어요? 추석에는 사람들이 대부분 고향에 돌아가서 (　　　　　　　　).

마이클(남): 네, 일찍 출발해서 괜찮았어요. 그런데 서양에 추수감사절이 있듯이 동양에는 추석이 있는 거예요?

유　미(여): 그렇죠, 추수감사절과 의미는 (　　　　　　　) 할 수 있어요. 그렇지만 추석은 음력 8월 15일이고 추수감사절은 11월 넷째 주 목요일이라는 점이 다르지요.

마이클(남): 그렇군요. 오면서 라디오를 들으니 "(　　　　　　　　　　) 한가위만 같아라."라는 말이 계속 나오더라고요.

유　미(여): 추석을 한가위라고도 하는데요, 한 해 동안 농사지은 곡식과 과일로써 조상님께 감사하는 날이잖아요. 먹을 게 (　　　　　　) 항상 한가위처럼 살고 싶다는 의미예요.

마이클(남): 아~ 그렇군요. 정말 재미있는 말이네요. 참, 추석에는 (　　　　　　　) 해요?

유　미(여): 사물놀이랑 달맞이나 강강술래, 줄다리기 등을 하면서 아주 신나게 놀아요.

마이클(남): 와~~ 정말 신나겠어요.

1~5과 복습

☑ 어휘 연습

1. 다음 빈칸에 맞는 단어를 찾아 쓰십시오.

경우	실례	적성	교양	제도	골고루
자존심	이론	관련	폭식	규칙적	관공서

1) 전공과 직업을 선택할 때는 ________을 고려해서 선택해야 한다.

2) 요즘 ________을 쌓기 위해 클래식 음악과 다양한 분야의 책을 읽고 있어요.

3) 한국의 교육 ________는 초등학교, 중학교, 고등학교, 대학교로 이루어진다.

4) 서양에서는 상대방에게 나이를 물어보는 것은 ________입니다.

5) 예의에 어긋나는 행동을 했을 때 한국에서는 '________가 없다'라고 합니다.

6) 친구가 많은 사람들 앞에서 내 발음이 이상하다고 말해서 ________이 많이 상했다.

7) 테니스 수업은 1시간은 교실에서 공부하는 ________ 수업과 직접 테니스를 치는 실기 수업으로 진행됩니다.

8) 흡연은 폐암과 ________이 있다고 합니다.

9) 한 가지 음식만 먹지 말고 ________ 음식을 먹어야 건강을 유지할 수 있어요.

10) 시청이나 구청과 같은 ________는 토요일에 문을 열지 않아요.

11) 식사는 같은 시간에 해야 해요. ________으로 식사하는 것이 정말 중요해요.

12) 아침, 점심을 먹지 않고 저녁에 ________을 하는 습관은 아주 나쁜 습관이에요.

2. 다음 빈칸에 맞는 단어를 찾아 알맞게 고치십시오.

예방하다	취득하다	꼼꼼하다	조회하다	뒤지다
추방하다	전염되다	유지하다	치열하다	담당하다
유용하다	제한되다	추방당하다		

1) 영수 씨는 성격이 ________ 무슨 일을 하든지 작은 것 하나도 빠뜨리지 않고 잘 살펴본다.

2) 이 회의실은 한 번에 40분 동안만 사용할 수 있어 시간이 ________ 있다.

3) 독감을 ________ 손을 잘 씻고 사람이 많은 곳은 피하는 것이 좋다.

4) 우리 동네를 ________ 있는 경찰관은 김민철 씨입니다.

5) 통장에 돈이 얼마나 남았는지 알고 싶어서 인터넷으로 통장 잔액을 ________.

6) 열쇠가 안 보여서 가방 여기저기를 ________ 찾을 수 없었어요.

7) 정부는 불법 체류자들을 나라 밖으로 ________.

8) 눈병에 걸리면 다른 사람에게 ________ 수 있으니까 가족끼리도 다른 수건을 사용해야 해요.

9) 날씬한 몸매를 ________ 꾸준히 운동을 해야 합니다.

10) 그 사람은 국내에서 마약을 몰래 팔다가 자기 나라로 ________.

11) 좋은 회사에 취직하려면 여러 가지 자격증을 미리 ________ 두는 것이 필요하다.

12) 학과 소개가 나와 있는 이 책은 학과 정보를 아는 데 ________ 것 같아요.

13) 이번에 그 회사에서 직원을 뽑는데 사람들이 아주 많이 지원을 했나 봐요. 경쟁률이 100대 1이래요. 경쟁이 정말 ________.

3. 뒤에 들어갈 단어를 쓰십시오.

1) 오늘 김 선생님 만나지요? 김 선생님 뵈면 제 안부도 좀 ________________.

2) 1년 만에 만난 친구와 커피숍에 앉아 2시간 동안 수다를 ________________.

3) 좀 늦을 것 같아 미리 전화를 걸어 양해를 ________________.

4) 음식을 잘못 먹었는지 배탈이 ________________ 병원에 다녀왔어요.

5) 한국에서는 길에서 윗사람을 만나면 고개를 __________ '안녕하세요?'라고 말한다.

6) 한국에서는 친한 친구 사이에서는 존댓말을 쓰지 않고 말을 ________________.

7) 재경 씨는 늦을 때마다 여러 가지 핑계를 ________________.

4. 다음 밑줄 친 말과 바꾸어 쓸 수 있는 말을 찾아 쓰십시오.

제공하다	복용하다	섭취하다	떼다	거주하다
거르다	선호하다	칼로리	제출하다	변경하다

1) 하루에 세 번 이 약을 <u>먹어야 합니다</u>. (   )

2) 이사를 가서 주소지를 <u>바꿨어요</u>. (   )

3) 증명서를 <u>발급받으러</u> 학교에 갔다 왔어요. (   )

4) 시간이 없어서 점심을 <u>못 먹었어요</u>. (   )

5) 나이가 들면 철분이 없어지기 때문에 철분을 많이 <u>먹어야 합니다</u>. (   )

6) 토요일까지 입학 서류를 <u>내야</u> 해서 바빠요. (   )

7) 이촌동에는 일본인들이 많이 <u>살고 있습니다</u>. (   )

8) 참가비를 낸 사람들에게는 점심을 준대요. (　　　　)

9) 케이크나 튀김, 도넛과 같은 음식은 열량이 높습니다. (　　　　)

10) 한국 사람들은 맵고 짠 음식을 좋아합니다. (　　　　)

☑ 문법 연습

1. 다음 주어진 문법을 사용해서 문장을 완성하세요.

-(으)ㄴ/는 탓에	을/를 무릅쓰고	-에 불과하다
-아/어 봤자	-기는 한데/하는데	-아/어 버릇하다
-아/어 치우다	-(으)ㄴ/는다니요?	-기 십상이다
여간 -(으)ㄴ/는 게 아니다		

1) 가: 수영 씨가 요즘 기운이 없는 것 같아요.
나: ________________________________.

2) 가: 유미 씨 남자 친구는 키도 크고 멋있던데 모델인가요?
나: 아니에요, 제 남자 친구는 ________________________.

3) 가: 아침 안 먹었는데 배고프지 않아요?
나: ________________________________.

4) 가: 목욕하다가 불이 나면 어떻게 할 거예요?
나: ________________________________.

5) 가: 작년 상품이 창고에 많이 있는데 어떻게 할까요?
나: 신상품이 나오기 전에 싸게 ________________________.

6) 가: 이 옷이 마음에 들면 사지 그래요?

나: ______________________________.

7) 가: 대학에서 공부하는 게 정말 어렵지요?

나: 네, 한국말로 수업을 들어야 하니까 공부가 ______________.

8) 가: 영수 씨, 내일 모임에 못 갈 것 같아요.

나: 내일 모임에 ______________?

수진 씨를 위해서 준비한 모임인데 안 온다고 하면 어떻게 해요?

9) 가: 학교 앞 길에서 파는 티셔츠가 3,000원인데 품질도 좋은 것 같아요.

나: 3,000원짜리 티셔츠가 ______________ 얼마나 좋겠어요?

그런 옷은 사면 금방 후회할 테니까 사지 않는 게 좋아요.

10) 가: 어제도 술을 마셔서 피곤해요.

나: 그렇게 술을 많이 마시면 ______________ 조심해야 돼요.

2. 다음 [보기]와 같이 틀린 것을 찾아 고치십시오.

보기

오늘은 날씨가 <u>더워서</u> 냉면을 먹읍시다.

➡ 더우니까

1) 오늘 아침에 늦게 일어나는 탓에 학교에 지각했어요.

2) 어제는 날씨가 여간 추운 게 아니에요.

3) 이 문법을 배웠기는 하는데 잘 사용하지 못하겠어요.

4) 커피를 마시지 안 버릇해서 커피를 마시면 잠을 못 자요.

5) 그 배우는 상을 받고 너무 기뻐서 눈물을 흘림까지 했어요.

6) 매일 청소를 열심히 하는 탓에 집이 깨끗해요.

7) 그렇게 열심히 공부하면 장학금을 받기 십상이에요.

8) 윤주 씨가 부지런한다니요? 얼마나 게으른데요.

9) 고등학교 때 머리를 노란색으로 염색을 해서 서양 사람으로 오해받았기 십상이에요.

6~10과 복습

☑ 어휘 연습

1. 다음 빈칸에 맞는 단어를 찾아 쓰십시오.

식중독	해돋이	숙박비	피서	몸짓	관중
전래	유래	덩실덩실	객관적	마무리	타당성
갈증	집중	덕담	다짐	재래시장	막상

1) 그 사람의 말은 전혀 ________이 없어서 도저히 그 사람의 말을 믿을 수가 없어요.

2) 잔치가 흥겨워서 많은 노인 분들이________ 춤을 추었어요.

3) 모든 나라마다 옛날부터 전해 내려오는 ________ 동화가 있어요.

4) 설날에 할아버지께 세배하고 할아버지께서 해 주시는 ________을 들었습니다.

5) 그 집을 떠나려고 나오기는 했지만 ________ 나오니 갈 곳이 없었다.

6) 여름철에 상한 음식을 먹으면 ________에 걸릴 수 있으니까 조심해야 해요.

7) 모든 일은 시작도 중요하지만 ________도 참 중요해요.

8) 새해 첫날 정동진에 가서 해가 뜨는 ________를 구경했어요.

9) 이 마을의 이름이 어떻게 만들어졌는지 ________를 알 수 없어요.

10) 계속 운동을 하니까 ________이 나서 근처 편의점에서 음료수를 사 마셨어요.

11) ________에는 백화점에서 팔지 않는 옛날 물건들도 많아요.

12) 제3자의 입장에서 ________으로 보았을 때 두 사람 모두 잘못한 것 같아요.

13) 야구장에 갔는데 ________이 꽉 차 있었어요.

14) 공부를 할 때에는 다른 행동을 하지 말고 공부에만 ________ 해야 해요.

15) 올해 여름에는 ________를 산으로 갈까 바다로 갈까 고민하고 있어요.

16) 여름철 성수기에는 ________ 가 비싸니까 주의하세요.

17) 새해부터는 담배를 끊기로 ________ 했어요.

18) 왕명 씨는 대화를 할 때 말로만 하지 않고 ________을 많이 사용해서 표현해요.

2. 다음 빈칸에 맞는 단어를 찾아 알맞게 고치십시오.

울리다	머무르다	이어지다	협연하다	익히다
차분하다	흥겹다	출전하다	신경 쓰다	쇠다
꾸준하다	음미하다			

1) 가: 설악산에 갔다 오셨지요? 숙박은 어떻게 하셨어요?

나: 네, 호텔에서 2박 3일 동안 ________________.

2) 사물놀이는 옛날부터 ________________ 온 한국의 전통 음악입니다.

3) 어제 마당놀이를 처음 봤는데 정말 신나고 ________________.

4) 한국어를 ________________ 데에는 시간이 오래 걸립니다.

5) 가: 아이고, 왜 커피를 그렇게 많이 드세요?

나: 제가 커피를 많이 마시거나 말거나 ________________.

6) 차는 빨리 마시면 안 되고 천천히 그 맛을 ________________ 마셔야 해요.

7) 어제가 설이었는데, 집에서 설 잘 ________________?

8) 날씬한 몸매를 유지하려면 ______________ 운동을 해야 합니다.

9) 제가 시합에 ______________ 됐어요. 저를 응원해 주세요.

10) 저 같은 사람이 연주 실력이 뛰어난 그 사람과 같이 ________ 수 있을까요?

11) 핸드폰 벨 소리가 계속 ______________ 너무 시끄럽네요.

12) 가: 내일이 면접인데, 어떻게 해야 돼요? 너무 걱정돼요.

나: 면접관 질문에는 당황하지 말고 항상 ______________ 대답하세요.

3. 다음 빈칸에 공통으로 들어갈 단어를 쓰세요.

1) ① 큰비가 와서 나무가 물에 __________________.

② 태풍이 불어서 논밭이 바람에 __________________.

③ 명동은 복잡해서 사람에 __________________ 수 있으니까 조심하세요.

2) ① 두 나라는 그 지역을 __________________ 위해서 큰 전쟁을 했습니다.

② 우리 반은 여학생이 80%를 __________________.

③ 그는 100미터 달리기에서 1위를 __________________ 2관왕에 올랐다.

3) ① 예상하지 못한 큰 사건이 __________________.

② 두 사람 사이에 싸움이 __________________.

③ 밤 일곱 시에 __________________ 잔치였으므로 하객은 단 한 사람도 없었다.

4) ① 새해를 __________________.

② 문 앞에서 손님을 __________________ 집안으로 들어갔다.

③ 마음씨 고운 여자를 아내로 __________________ 너도 성격을 바꿔야 해.

5) ① 햇빛이 좋으니까 오늘은 빨래를 밖에 __________________.

② 어제 싸우는 친구 둘을 __________________ 아주 힘들었어요.

③ 술을 마시고 운전하겠다는 친구를 ______________ 힘들었어요.

6) ① 이 음식에는 소금이 ________________. 소금을 넣어야겠어요.

② 어제 출입국관리소에 가느라고 수업에 ________________.

③ 나이가 들면 머리가 ________________걱정이에요.

4. 다음 밑줄 친 말과 바꾸어 쓸 수 있는 말을 찾아 쓰십시오.

건전하다	지불하다	발생하다	고요하다	수상하다	증정하다
풍습	여기다	기후	마음가짐	불리하다	마련하다

1) 그는 생각이 건강하고 바른 사람입니다. ( )

2) 그곳은 날씨가 참 좋아서 노인들이 살기 좋습니다. ( )

3) 그 선수는 뛰어난 성적을 받아서 상을 받았습니다. ( )

4) 어려울 때에는 서로 도우려는 마음의 자세를 가져야 해요. ( )

5) 커피숍에서 제가 찻값을 냈어요. ( )

6) 사건이 일어난 시간은 어젯밤 자정입니다. ( )

7) 왕명 씨는 길을 잃은 강아지를 불쌍하게 생각했습니다. ( )

8) 그 일은 저에게는 이득이 되지 않아요. 저는 그 일을 하지 않겠어요. ( )

9) 그 사람은 늦은 나이에 드디어 가족이 함께 살 집을 구했어요. ( )

10) 이 상품을 사시면 똑같은 상품 하나를 더 줍니다. ( )

11) 빈 방 안이 조용하고 쓸쓸했어요. ( )

12) 각 민족은 민족마다 생활 습관이 다 달라요. ( )

☑ 문법 연습

1. 다음 주어진 문법을 사용해서 문장을 완성하세요.

-자면	-는 동시에	-던	-에 달려 있다
-거나 말거나	(이)야말로	-더라도	-(으)려고만 들다
(으)로서	-듯이	-더라고요	-(으)ㄹ락 말락 하다

1) 바람이 불어서 촛불이 ____________ 해요. (꺼지다)

2) 저는 2016년 브라질 올림픽에 ____________ 참석했어요. (기자)

3) 가: 우리 반 반장은 일도 잘하고 공부도 열심히 해요.
   나: 그럼요. 우리 반 ____________ 최고의 모범생이지요.

4) 가: 제가 과연 담배를 끊을 수 있을까요?
   나: 그럼요, 그건 성주 씨의 ____________. (의지)

5) 가: 제 짝은 매일 결석하는데 시험에 합격할 수 있을지 모르겠네요.
   나: 아이고, 성주 씨 짝이 ____________ 신경 쓰지 말고 성주 씨 공부나 열심히 하세요.

6) 가: 성주 씨가 심부름 갔는데 오지 않네요.
   나: 걱정하지 말아요.
   무소식이 희소식이라는 말이 ____________ 곧 오겠지요, 뭐. (있다)

7) 가: 제가 ____________ 잡지 어디 갔어요?
   나: 글쎄요, 잘 모르겠네요. 어쨌든 저는 치우지 않았는데요.

8) 가: 마이클 씨는 언제 귀국할 거예요?
   나: 네, 이번 학기가 ____________ 귀국하려고 해요. (끝나다)

9) 가: 성주 씨, 왜 그렇게 서둘러요? 천천히 가요.

나: 안 돼요. 제 시간에 ________________ 서둘러야 해요.

10) 가: 한국어능력시험은 어땠어요? 잘 보셨어요?

나: 저는 처음이었는데 정말 ________________. (어렵다)

11) 가: 너무너무 화가 나서 인사도 하지 않고 나왔어요.

나: 아무리 ________________ 예의는 지켜야지요.

12) 가: 왜 남자 친구랑 헤어졌어요?

나: 저에게 솔직하게 말하지 않고 매번 ________________ 헤어졌어요.

2. 빈칸에 알맞은 말로 문장을 완성하십시오.

1) 가: 어제 유미 씨와 찜질방에 갔지요? 처음으로 찜질방에 가본 소감이 어때요?

나: 네, 정말 ______________________________.

2) 가: 오늘 점심은 각자 나누어서 돈을 냅시다.

나: 좋아요. 그럼 ________________ 5,000원씩 내면 되겠네요.

3) 가: 도서관에 사람이 별로 없네요.

나: 네, 오늘이 ______________________.

4) 가: 그분 참 노래 잘 부르더라고요.

나: 네, 그런데 알고 보니 직업이 ________________.

5) 가: 선생님, 이거 제가 직접 만든 곰 인형이에요. 선생님 드릴게요.

나: 유미야, 정말 대단하다. 이렇게 예쁜 인형을 직접 ______________!

3. 다음 중 틀린 것을 찾아 고치십시오.

1) 그 사람은 방학이 시작된 동시에 여행을 떠났어요.

2) 제가 잠깐 화장실 갔다 왔는데 아까 마셨던 커피가 없어졌어요.

3) 내일 축구 시합을 할지 안 할지는 날씨에게 달려 있어요.

4) 무대가 너무 멀어서 볼락 말락 해요.

5) 부모님이 한국에 오신다면 저는 주로 명동에 가요.

6) 가: 요코 씨, 고향이 어떤 곳이에요?
   나: 우리 고향은 산이 많은 곳이던데요.

7) 가: 사람들이 웃을까 봐 노래도 잘 못하겠어요.
   나: 사람들이 웃거나 말거나 신경 좀 쓰세요.

알기 쉽고 재미있는

중앙 한국어 워크북 4

상

정답지

1과 수강 신청은 여간 힘든 게 아니에요

I. 어휘 연습

1) 경쟁률	2) 제한	3) 적성	4) 유용하게
5) 학사 경고	6) 개강	7) 청강	8) 고려해서
9) 종강	10) 강의 계획서	11) 급하게	12) 전공과목
13) 초과	14) 신청	15) 학점	16) 교양 과목
17) 변경	18) 수강	19) 장래 희망	

II. 문법과 표현

1. 1) 가족끼리
2) 같은 학교 사람들끼리
3) 우리끼리
4) 친구들끼리
5) 자기들끼리

2. 1) 동생은 시험에 합격했으나 형은 그러지 못했어요
2) 그 가수는 노래를 잘하나 춤은 못 춰요
3) 비는 오나 바람은 불지 않아요
4) 그는 유학을 갔으나 공부는 하지 않고 놀기만 했어요
5) 성주 씨는 국문과 학생이나 수학을 잘해요

3. 1) 저녁을 많이 먹은 탓에
2) 많이 마신 탓에
3) 사용하지 않은 탓에
4) 줄만 서 있다가 왔어요
5) 지원할 수 없어요

4. 1) 여간 어려운 게 아니었어요
2) 여간 좋은 게 아니잖아요
3) 여간 바쁜 게 아니거든요
4) 여간 비싼 게 아니라서요
5) 노래를 여간 잘하는 게 아니었어요

2과 실례를 무릅쓰고 전화 드립니다

I. 어휘 연습

1) 웃어른 2) 양해해 3) 안부 4) 용건
5) 염려하는 6) 공경할 7) 윗사람 8) 핑계
9) 옷차림 10) 경우 11) 버릇 12) 당분간
13) 고개 숙일 14) 공손하게 15) 수줍어하는 16) 당황스러웠다
17) 무례하게 18) 마주쳤다 19) 어긋나지

II. 문법과 표현

1. 1) 일주일째 2) 두 시간째야 3) 네 벌째
4) 다섯 잔째 5) 세 번째

2. 1) 늦잠을 자 버릇해서 일찍 일어나는 게 너무 힘들다
2) 바지만 입어 버릇해서 치마를 입으면 자연스럽지 않다
3) 밖에서 음식을 사 먹어 버릇해서 용돈이 부족했다
4) 도서관에서 공부해 버릇해서 시끄러운 곳에서는 집중이 안 된다
5) 매일 친구와 통화해 버릇해서 전화비가 많이 나왔다

3. 1) 추위를 무릅쓰고 2) 아픔을 무릅쓰고 3) 부끄러움을 무릅쓰고
4) 위험을 무릅쓰고 5) 반대를 무릅쓰고

4. 1) 핑계에 불과해 2) 꿈에 불과해 3) 10명에 불과해
4) 작은 일에 불과해 5) 소문에 불과해요

3과 열심히 하기는 하는데 너무 어려워요

I. 어휘 연습

1) 시정하였다 2) 유리한 3) 교육 제도 4) 수험생 5) 단속하기
6) 취득하자마자 7) 좌우한다 8) 유리한 9) 변덕스러워서 10) 평생 교육
11) 지원하기로 12) 조기 교육 13) 치열했다 14) 답답했는데 15) 민감하다
16) 시달린다 17) 영재 교육

II. 문법과 표현

1. 1) 선풍기도 고장 나고 에어컨까지 고장이 나서 방이 더워요
2) 모양뿐만 아니라 맛까지 좋은데요
3) 성주 씨가 저녁도 사고 커피 값까지 냈어요
4) 늦게 일어났는데 길까지 막히더라고요
5) 동생이 제 옷뿐만 아니라 구두까지 신고 나갔거든요

2. 1) 냉장고에 오랫동안 있던 음식을 먹어 치웠더니 소화가 안 되네요
2) 네, 다른 일들이 많아서 빨리 해치웠어요
3) 빨리 해치우면 괜찮아요
4) 중고품 가게에 다 팔아 치웠어요
5) 네, 이전 세계 기록을 갈아 치웠어요

3. 1) 이 책을 사고 싶기는 한데 비싸서 망설여져요
2) 지원하기는 할 건데 합격하기는 힘들 것 같아요
3) 1등을 놓치기는 했는데 노래는 제일 잘하는 것 같아요
4) 공부를 열심히 하기는 했는데 잘 못 봤어요
5) 날씨가 나쁘기는 했는데 재미있었어요

4. 1) 보는 사이에 2) 조는 사이에 3) 노는 사이에
4) 다녀오는 사이에 5) 안 계시는 사이에

4과 그 사람이 아프다니요?

I. 어휘 연습

1) 증세
2) 환절기
3) 처방하였다
4) 균형
5) 예방
6) 체질
7) 콜록콜록
8) 규칙적인
9) 자존심
10) 구부릴
11) 복용하지
12) 과로
13) 철저히
14) 전염되기
15) 건조하면
16) 만성
17) 가려워
18) 청결
19) 상징
20) 긁었다
21) 느긋하게
22) 고민
23) 유연해서

II. 문법과 표현

1. 1) 정성껏 2) 마음껏 3) 목청껏 4) 양껏 5) 힘껏

2. 1) 춥다니요? 2) 잠만 잔다니요?
3) 유미 거라니요? / 유미 핸드폰이라니요?
4) 중국에 가고 있다니요? 5) 쉬웠다니요?

3. 1) 눈을 뗄 수 없을 만큼 2) 상을 받을 만큼 3) 기다려질 만큼
4) 생각하기 싫을 만큼 5) 하늘을 날 만큼

4. 1) 먹느니 차라리 굶겠어
2) 잘 지내느니 차라리 모르는 사람이랑 잘 지내는 게 낫겠어요
3) 시키느니 차라리 내가 하는 게
4) 말하느니 차라리 아무에게도 말 하지 않는 게
5) 사느니 차라리 안 살래요

5과 지금 가 봤자 직원을 못 만날 거예요

I. 어휘 연습

1) 뒤지면　2) 지역 번호　3) 담당하는　4) 관련
5) 제출　6) 불법 체류　7) 신속하게　8) 유의 사항
9) 견학　10) 관할　11) 추방당한다　12) 연중무휴
13) 증명서　14) 거주　15) 작성하신　16) 조회해
17) 처리　18) 눌러　19) 소지하고　20) 재발급
21) 접수증　22) 관공서

II. 문법과 표현

1. 1) 휴대폰마저　2) 문법마저　3) 친구마저
4) 건강마저　5) 바람마저

2. 1) 싸우기 십상이에요　2) 죽이기 십상이에요　3) 받기 십상이에요
4) 고장 나기 십상이에요　5) 생각하기 십상이에요

3. 1) 추워 봤자　2) 먹어 봤자　3) 찾아가 봤자
4) 울어 봤자　5) 닦아 봤자

4. 1) 배가 터지도록 많이 먹었어요
2) 목이 빠지도록
3) 목이 쉬도록 많이 불렀어요
4) 죽도록 사랑해요
5) 눈이 붓도록 울었어요

6과 서울 타워에 간다면 야경을 감상할 거예요

I. 어휘 연습

1) 구출　2) 나들이　3) 야경　4) 연말연시
5) 쪽지　6) 자정　7) 운행　8) 낭만
9) 순환 버스　10) 전망대　11) 점검하고　12) 충격
13) 지연되고　14) 관람객　15) 갇힌　16) 맞이하기
17) 내려다보는　18) 반짝반짝

II. 문법과 표현

1. 1) 예뻐진다면　2) 돌아갈 수 있다면
3) 찾는다면　4) 고등학생이라면
5) 당첨된다면

2. 1) 가는 김에　2) 청소하는 김에
3) 사는 김에　4) 가는 김에
5) 가는 김에

3. 1) 에버랜드가 그만이에요　2) 여행이 그만이잖아
3) (　　)의 노래가 아주 그만이에요　4) 말솜씨가 그만이에요
5) (　　)라는 프로그램이 아주 그만이에요

4. 1) 나가려던 참이었어요　2) 저도 마침 밥 먹으러 나가려던 참이었는데
3) 지금 확인하려던 참이에요　4) 저도 그러려던 참이었어요
5) 나도 지금 막 너한테 물어보려던 참인데

7과 바다로 여행을 가자면 준비할 게 많아요

I. 어휘 연습

1) 숙박비 2) 바가지요금 3) 배낭여행 4) 성수기
5) 장마철 6) 피서 7) 해돋이 8) 식중독
9) 지리 10) 휩쓸렸다 11) 익히는 12) 지불할
13) 머무를 14) 다짐하다 15) 해안가 16) 여기고
17) 기후

II. 문법과 표현

1. 1) 가자면 2) 사자면
3) 날이 밝자면 4) 취직하자면
5) 이사를 하자면

2. 1) 졸업하는 동시에 2) 수업이 끝나는 동시에
3) 공부하는 동시에 4) 일어나는 동시에
5) 돈을 버는 동시에

3. 1) 휴일이라서 그래요 2) 입학식이라서 그래요
3) 유명한 작품이라서 그래요 4) 방학이라서 그래요
5) 네, 토요일이라서 그래요

4. 1) 날씨에 달려 있어요 2) 돈에 달려 있지요
3) 마음에 달려 있어요 4) 노력에 달려 있어요
5) 가는 지역에 달려 있어요

8과 마당놀이가 흥겹더라고요

I. 어휘 연습

1) 관중
2) 빠져
3) 사물놀이
4) 막상
5) 수상한
6) 덩실덩실
7) 탈춤
8) 몸짓
9) 전래하는
10) 신경 쓰게
11) 출전하기로
12) 이어지는
13) 가면극
14) 흥겨워서
15) 광대
16) 엄청나게
17) 하회탈
18) 배려하여
19) 불평했다
20) 마당놀이
21) 협연할
22) 상관하고

II. 문법과 표현

1. 1) 시간당 2) 가구당 3) 달러당
4) 1인당 5) 그램당

2. 1) 쓰던 2) 예쁘던 3) 친구이던
4) 쉬던 5) 있던

3. 1) 훨씬 더 잘생겼더라고요 2) 떨리더라고요 3) 왔더라고요
4) 수요일이더라고요 5) 않더라고요

4. 1) 오거나 말거나 2) 사거나 말거나 3) 웃거나 말거나
4) 내거나 말거나 5) 만나거나 말거나

9과 차를 마시니 마음의 여유가 생기던데요

I. 어휘 연습

1) 차지했다 2) 다스리기 3) 효능 4) 인생
5) 집중 6) 겸손 7) 미덕 8) 조언
9) 타당성 10) 정적 / 동적 11) 비판 12) 객관적
13) 음미하기 14) 정서적 15) 깨우쳐 16) 갈증
17) 건전한 18) 차분하게 19) 고요했다

II. 문법과 표현

1. 1) 건강이야말로 가장 필요한 것이라고 생각합니다
2) 꾸준한 운동이야말로 건강을 지키는 가장 좋은 방법입니다
3) 예습, 복습이야말로 공부를 잘하기 위한 방법이라고 생각합니다
4) 자신감이야말로 좋은 회사에 취직하기 위해서 꼭 필요하다고 생각합니다
5) 적성이야말로 전공을 선택할 때 가장 중요하다고 생각합니다

2. 1) 힘들더라도 운동을 그만두면 안 돼요 2) 졸리더라도
3) 화가 나더라도 손님에게 화를 내서는 안 돼요 4) 방학이 되더라도 놀러갈 수 없어요
5) 무섭더라도 수영은 배워야 해요

3. 1) 예쁘던데요 2) 휴강이라고 하던데요
3) 고치던데요 4) 공부하던데요
5) 어제 낮에 친구와 테니스를 치던데요

4. 1) 밥을 안 먹으려고만 들어요 2) 집에서 약을 먹으려고만 들어요
3) 항상 싸우려고만 들기 때문이에요 4) 잠을 자려고만 들면
5) 노래를 많이 부르려고만 들면 안 돼요

10과 윷놀이가 이렇게 재미있다니

I. 어휘 연습

1) 재래시장 2) 덕담 3) 재채기 4) 쇠기 5) 소원
6) 음력 / 양력 7) 꾸미고 8) 연휴 9) 벌어진 10) 풍습
11) 마무리 12) 동행할 13) 챙겨 14) 울려도 15) 증정하고
16) 불리해요 17) 풍성하고

II. 문법과 표현

1. 1) 사람으로서 2) 자식으로서 3) 사장으로서 4) 딸로서 5) 친구로서

2. 1) 말했듯이 2) 밝혔듯이 3) 날듯이 4) 하듯이 5) 오듯이

3. 1) 약속을 어기다니
2) 졸업이라니
3) 노래를 싫어하는 애가 노래방에 가다니
4) 서로 좋아했는데 헤어지다니 믿을 수 없어
5) 어머니의 생신을 깜박하다니

4. 1) 터질락 말락 한다
2) 잡힐락 말락 하면서
3) 보일락 말락 해요
4) 들릴락 말락 해요
5) 비가 올락 말락 해요

1과~5과 복습

☑ 어휘 연습

1. 1) 적성 2) 교양 3) 제도 4) 실례 5) 경우 6) 자존심
7) 이론 8) 관련 9) 골고루 10) 관공서 11) 규칙적 12) 폭식

2. 1) 꼼꼼해서 2) 제한되어 3) 예방하려면
4) 담당하고 5) 조회했다 6) 뒤졌지만/뒤져봤지만
7) 추방했다 8) 전염될 9) 유지하려면
10) 추방당했다 11) 취득해 12) 유용할
13) 치열하네요 / 치열하군요 / 치열해요

3. 1) 전해 주세요 2) 떨었다 3) 구했다
4) 나서 5) 숙이고 6) 놓는다
7) 댄다

4. 1) 복용하다(복용해야 합니다) 2) 변경하다(변경했어요)
3) 떼다(떼러) 4) 거르다(걸렀어요)
5) 섭취하다(섭취해야 합니다) 6) 제출하다(제출해야)
7) 거주하다(거주하고 있습니다) 8) 제공하다(제공한대요)
9) 칼로리 10) 선호하다(선호합니다)

☑ 문법 연습

1. 1) 남자 친구와 헤어진 탓에 기운이 없는 것(그런 것) 같아요
2) 평범한 회사원에 불과해요 / 키가 160cm에 불과해요
3) 아침을 안 먹어 버릇해서 배고프지 않아요 / 괜찮아요
4) 창피함을 / 부끄러움을 무릅쓰고 도망갈 거예요 / 밖으로 나와야죠
5) 팔아 치웁시다 / 팔아 치우세요 / 팔아 치워야죠

6) 마음에 들기는 하는데 좀 비싸요 / 비싸네요

7) 여간 어려운 게 아니에요 / 여간 어렵지 않아요

8) 못 오다니요? / 못 올 것 같다니요? / 못 온다니요?

9) 좋아 봤자

10) 건강이 나빠지기 십상이니까

2. 1) 일어나는 ➡ 일어난

2) 아니에요 ➡ 아니었어요

3) 배웠기는 하는데 ➡ 배우기는 했는데

4) 마시지 안 버릇해서 ➡ 안 마셔 버릇해서 / 마셔 버릇하지 않아서

5) 흘림까지 ➡ 흘리기까지

6) 청소를 열심히 하지 않은 탓에 집이 더러워요 / 매일 청소를 열심히 해서 집이 깨끗해요

7) 그렇게 공부를 안 하면 유급하기 십상이에요

8) 부지런한다니요? ➡ 부지런하다니요?

9) 오해받았기 십상이에요 ➡ 오해받기 십상이었어요

6과~10과 복습

☑ 어휘 연습

1.
1) 타당성 2) 덩실덩실 3) 전래 4) 덕담 5) 막상
6) 식중독 7) 마무리 8) 해돋이 9) 유래 10) 갈증
11) 재래시장 12) 객관적 13) 관중 14) 집중 15) 피서
16) 숙박비 17) 다짐 18) 몸짓

2.
1) 머물렀어요 2) 이어져 3) 흥겨웠어요
4) 익히는 5) 신경 쓰지 마세요 6) 음미하면서 / 음미하며
7) 쇠셨어요 8) 꾸준히 / 꾸준하게 9) 출전하게
10) 협연할 11) 울려서 12) 차분하게

3.
1) 휩쓸리다 2) 차지하다 3) 벌어지다
4) 맞이하다 5) 말리다 6) 빠지다

4.
1) 건전하다(건전하고) 2) 기후 3) 수상하다(수상했다)
4) 마음가짐 5) 지불하다(지불했어요) 6) 발생하다(발생한)
7) 여기다(여겼습니다) 8) 불리하다(불리해요) 9) 마련하다(마련했어요)
10) 증정하다(증정합니다) 11) 고요하다(고요하고) 12) 풍습

☑ 문법 연습

1.
1) 꺼질락 말락 2) 기자로서 3) 반장이야말로
4) 의지에 달려 있어요 5) 시험에 합격하거나 말거나 6) 있듯이
7) 읽던 / 보던 8) 끝나는 동시에 9) 가자면 / 도착하자면
10) 어렵더라고요 11) 화가 나더라도 12) 거짓말을 하려고만 들어서

2. 1) 재미있더라고요 / 좋더라고요 2) 1인당
3) 시험이라서 그래요 / 휴일이라서 그래요
4) 가수더라고요 / 가수던데요 5) 만들다니

3. 1) 시작된 ➡ 시작되는 2) 마셨던 ➡ 마시던
3) 날씨에게 ➡ 날씨에 4) 볼락 말락 ➡ 보일락 말락
5) 오신다면 저는 주로 명동에 가요 ➡ 오시면 저는 주로 명동에 가요
오신다면 저는 주로 명동에 가요 ➡ 오신다면 저는 명동에 갈 거예요
6) 곳이던데요 ➡ 곳이에요 7) 신경 좀 쓰세요 ➡ 신경 쓰지 마세요

알기 쉽고 재미있는

중앙 한국어 워크북

4

하

차 례

11과 너무 붐비는 통에 구경할 수 없었어요

I. 어휘 연습

유래	화풀이	참여	보답	기분 전환	단결
자극적	무려	실컷	게을리	개최하다	후원하다
몰리다	성대하다	전시되다	조르다	뿌리다	

1) 우리 마을에서 매년 벌어지는 축제는 ＿＿＿＿＿가 오래되었다.

2) 여기서 100여 점의 그림이 ＿＿＿＿＿ 예정이다.

3) 그는 회사에서 있었던 일을 가족들에게 ＿＿＿＿＿했다.

4) 왕명 씨는 아무런 ＿＿＿＿＿도 바라지 않고 그 사람에게 도움을 주었다.

5) 사장님은 직원들에게 회사 행사 ＿＿＿＿＿를 부탁했다.

6) 공부를 ＿＿＿＿＿ 하다가는 시험에 떨어진다.

7) 우리 반은 완벽한 ＿＿＿＿＿로 줄다리기에서 우승했다.

8) 그는 양복에 물을 ＿＿＿＿＿ 뒤 다림질을 하였다.

9) 토론을 할 때에는 상대방을 흥분시키는 ＿＿＿＿＿ 말은 하지 말아야 한다.

10) 며칠 사이에 물가가 ＿＿＿＿＿ 두 배나 올랐다.

11) 과장님에게 출장을 보내줄 것을 ____________ 소용이 없었다.

12) 숙제를 끝내고 ____________을 하려고 한강 공원에 다녀왔다.

13) 유명한 가수가 나오는 콘서트는 한 방송사에서 ____________.

14) 놀고 싶을 때 ____________ 놀아라.

15) 온 마을 사람들이 풍년을 기원하며 ____________ 잔치를 벌였다.

16) 연극이 시작된다는 안내 방송이 나오자 관객들이 입구로 ____________.

17) 한국은 1988년에 서울에서 올림픽을 ____________.

MEMO

II. 문법과 표현

1. N(이)나 N(이)나 할 것 없이

1) 가: 요즘 여학생들이 치마를 너무 짧게 입는 것 같아요.
   나: 저도 그렇게 생각해요. ______________________.

2) 가: 그 교수님은 여학생들에게 인기가 아주 많으세요.
   나: 아니에요. ______________________.

3) 가: 여자들이 집안일을 하는 것이 더 좋다고 생각해요.
   나: 저는 그렇게 생각하지 않아요. ______________________.

4) 가: 한국 사람들은 불고기를 좋아하지요?
   나: ______________________.

5) 가: 아이들이 에버랜드에 가고 싶어 하지요?
   나: ______________________.

2. V-는 통에

1) 가: 왜 안 가고 서 있어요?
   나: 위층에서 물을 막 ______________ 지나갈 수가 없어요. (뿌리다)

2) 가: 옆에서 시끄럽게 ______________ 전화가 잘 안 들려요.
   나: 그러면 제가 다시 전화할게요.

3) 가: 지수 씨, 오늘 피곤해 보이네요.
   나: 네. 아이가 밤새 ______________ 전혀 못 잤어요.

4) 가: 문의 전화가 정말 많이 오네요.
   나: 네, 전화벨이 끊임없이 ______________ 일에 집중할 수가 없어요.

5) 가: 같이 사는 친구와 싸웠어요?
   나: 아니요. 친구가 항상 밤늦게 ______________ 얼굴 보기도 힘들어요.

3. A/V-더니 // N(이)더니

1) 비가 와요. 날씨가 추워졌어요.

➡ ______________________________.

2) 아이스크림을 많이 먹었어요. 배탈이 났어요.

➡ ______________________________.

3) 전에는 며칠 밤을 새워도 괜찮았어요. 요즘은 그렇지 않아요.

➡ ______________________________.

4) 어제는 기운이 없어 보였어요. 오늘은 힘이 나 보이네요.

➡ ______________________________.

5) 잘못을 했어요. 벌을 받고 말았어요.

➡ ______________________________.

4. A/V-기는 A/V-(이)지만 // N(이)기는 N(이)지만

1) 가: 숙제 다 했어요?

나: ______________________ 틀리는 것이 많을 거예요.

2) 가: 바깥 날씨가 추워요?

나: ______________________ 어제보다는 춥지 않아요.

3) 가: 신인 배우인데 그렇게 연기를 잘해요?

나: ______________________ 인기는 많지 않아요.

4) 가: 미국이 그렇게 멀어요?

나: ______________________ 우리나라보다는 멀지 않아요.

5) 가: 마이클 씨가 아직도 학생이에요?

나: ______________________ 오후에는 대학에서 강의를 해요.

III. 듣기 연습

01 다음 대화를 듣고 (　　　　)에 쓰십시오.

독백(여자)

8월이면 스페인에서는 (　　　　　　　　　) 서로 지칠 때까지 토마토를 던지는 축제가 열립니다. 토마토 축제는 1944년 화가 난 농부들의 행동으로부터 시작하였습니다. 토마토 값이 갑자기 (　　　　　　　) 농부들은 화가 났고 그래서 나랏일을 하는 사람들에게 토마토를 던진 것이 축제의 시작이 된 것입니다. 이 축제는 8월의 마지막 주 수요일에 (　　　　　　). 그날이 바로 농부들이 처음 토마토를 던진 날이기 때문입니다. 요즘 축제에 참가하는 사람들은 농부들도 아니고 화가 난 사람들도 아닙니다. 그렇지만 힘이 다할 때까지 상대방을 향해 토마토를 던지며 축제를 (　　　　　　　).

독백(남자)

독일에서는 매년 9월에 아주 큰 축제가 열립니다. 바로 맥주 축제입니다. 독일의 맥주 축제는 어떤 왕의 결혼식에서 (　　　　　　　　　　). 왕의 결혼식 날 주민들은 왕에게 충성하는 마음과 존경하는 마음으로 결혼을 축하하러 왔습니다. 그러자 왕이 크게 기뻐하며 주민들에게 선물을 내렸습니다. 맥주 축제를 (　　　　　　) 열어 준 것입니다. 그다음 해부터는 농민들이 직접 나서서 매년 맥주 축제를 열기 시작하였습니다. 그로부터 100년이 흐른 지금 맥주 축제는 독일의 유명한 맥주 회사들의 후원을 받으면서 독일을 대표하는 축제로 (　　　　　　) 되었습니다.

02 다음 대화를 듣고 (   )에 쓰십시오.

성주(남): 진나 씨, 하얼빈 눈 축제에 가 봤어요?

진나(여): 아, 빙등 축제요? 네, 가 봤어요.

성주(남): 거기가 진나 씨 고향에서 (   )?

진나(여): 기차로 6시간이 걸려요. 어렸을 때 부모님과 함께 자주 갔었어요.

성주(남): 축제 기간 동안 굉장히 많은 사람들이 하얼빈을 찾는다는 이야기를 들었어요.

진나(여): 맞아요. 사람이 (   ) 몰라요.

성주(남): 뭐 재미있는 추억 없었어요?

진나(여): 재미있는 추억은커녕 고생만 한 적이 있었죠. 눈썰매를 타고 내려오다가 신발을 잃어버린 일이 있었어요.

성주(남): 그래서 찾았어요?

진나(여): 아니요, 사람이 많아서 찾지도 못하고 (   ) 집으로 돌아왔어요. 빙등제 때에는 눈썰매가 그만인데 신발을 (   ) 고생만 하고 왔어요.

성주(남): 그래도 하얼빈 빙등 축제에 가서 눈썰매를 한번 타 보고 싶은데요. 작년 1월에 태백산 눈 축제에서 처음 타 봤는데 굉장히 재미있었거든요.

진나(여): 맞아요, 꼭 한번 가 보세요. 저처럼 고생은 하지 마시고 신발은 잘 챙기세요.

성주(남): 금년에는 이미 시작했겠죠? 내년에나 한번 가봐야겠어요. 얼음 조각 전시회도 열리지요? 그것도 꼭 보고 싶어요.

진나(여): 네, 재미있는 (   ) 많아요.

12과 열심히 연습을 했더니 좋아졌어요

I. 어휘 연습

표현	묘사	솜씨	동기	비유	아무튼
발휘하다	암기하다	나타내다	덧붙이다	순수하다	날카롭다
선명하다	뚜렷하다	섬세하다	낭송하다		

1) 그 사람은 정말 특이하게 생겨서 그의 모습을 ____________ 것은 어렵지 않다.

2) 유미가 처음 시를 쓰게 된 ____________는 따뜻한 봄날을 기억하기 위해서였다.

3) 아버지께서는 오랜만에 ____________를 발휘해서 음식을 만드셨다.

4) 그 남자가 회사에서 하는 일은 제품에 설명서를 ____________ 일이었다.

5) 친구를 만난 때가 작년이었는지, 재작년이었는지 잘 모르겠지만 ____________ 그때까지는 결혼을 하지 않은 상태였다.

6) 장기자랑 대회에 참가한 사람들은 저마다 자기의 재주를 맘껏 ____________.

7) 좋은 목소리를 가진 내 친구는 이번 학교 축제에서 시를 ____________ 되었다.

8) 진나는 자신의 감정을 얼굴에 그대로 ____________ 있었다.

9) 내일까지 오늘 배운 단어를 모두 ____________ 오는 것이 숙제입니다.

10) 그분은 문제 상황을 파악하는 능력이 ____________.

11) 왕명은 한국에 온 지 일 년이 넘었지만 한국어 ___________이 아직까지 서투르다.

12) 어린 시절의 기억은 잊혀지지 않고 언제나 ___________ 기억 속에 남아 있다.

13) 언니는 주변 사람들에게 하나부터 열까지 ___________ 신경을 쓰는 편이다.

14) 그 음악가는 돈이나 출세를 바라지 않고 욕심이 없는 ___________ 예술가이다.

15) 옛날 사람들은 무서운 사람을 호랑이에 ___________.

16) 이번에 산 옷은 그전에 샀던 옷과 비교해 볼 때 ___________ 차이가 없다.

MEMO

II. 문법과 표현

1. N조차

1) 가: 그 사람에 대해 잘 알고 있어요?
   나: 아니요, ________________ 몰라요.

2) 가: 이번 시험이 꽤 어려웠다는데 정말인가요?
   나: 네, 그런 것 같아요. 1등 하던 ________________ 점수가 아주 낮아요.

3) 가: 요즘 중국어를 공부한다면서요? 이것 좀 읽어 보세요.
   나: 단어도 어려운데 ________________ 어려워서 읽을 수가 없어요.

4) 가: 그 남자는 요즘 어떻게 살고 있어요?
   나: 그의 ____________________ 그를 떠나서 지금 너무 외로울 거예요.

5) 가: 유미야, 미안해. 나 내일 소풍 못 갈 거 같다.
   나: 다른 사람도 안 가는데 ______________ 안 가면 소풍이 무슨 재미가 있겠니?

2. V-았/었더니

1) 가: 오늘 많이 힘들어 보이네?
   나: 며칠 전부터 심하게 ___________________ 몸 여기저기가 다 쑤신다.

2) 가: 영화를 봤으니 이제 뭐 할까요? 노래방에 갈까요? 아니면 쇼핑하러 갈까요?
   나: 그냥 집에 갈래. 아침에 너무 일찍 _________________ 기운이 하나도 없어.

3) 가: 여자 친구가 왜 화가 났어요?
   나: 약속 시간에 늦게 __________________ 화가 아주 많이 났어요.

4) 가: 어떻게 하면 너처럼 한국어를 잘 할 수 있어?
   나: 잘은 모르겠지만 집에서도 중국어를 사용하지 않고 한국어만 _____________ _________ 그런 것 같아.

5) 가: 요즘 쇼핑을 좀 많이 _________________ 이번 달 용돈이 별로 안 남았어요.
   나: 이제부터 아껴 써야겠네요.

3. V다 보면

1) 가: 그 사람 첫인상이 정말 안 좋아요.
   나: 그래도 계속 ________________ 좋은 모습을 찾게 될 거예요.

2) 가: 전공 공부가 너무 어려워서 포기하고 싶어요.
   나: 포기하지 않고 ________________ 자신감이 생길 거예요.

3) 가: 차는 무슨 맛으로 마시는지 정말 모르겠어요.
   나: 자꾸 ________________ 깊은 맛을 알 수 있을 거예요.

4) 가: 쓰기 실력이 늘지 않아서 고민이에요.
   나: 일기를 매일 ________________ 자기도 모르게 좋아질 거예요.

5) 가: 공부할 때는 왜 이렇게 시간이 안 가지요?
   나: 맞아요. 그런데 반대로, 친구들과 ________________ 시간 가는 줄 모르잖아요.

4. V-는 둥 마는 둥 하다

1) 가: 한국어 수업은 재미있었어?
   나: 몰라. 비자에 문제가 있어서 그거 생각하느라고 수업은 ________________ 했거든.

2) 가: 아침밥 더 안 먹어도 괜찮겠어?
   나: 입맛이 없어서 ________________ 하다가 나왔더니 배가 고프다.

3) 가: 새로 고용한 아르바이트생은 열심히 일하고 있어요?
   나: 아니요, 첫날부터 ________________ 하면서 전화만 해요.

4) 가: 선배가 많이 도와주죠?
   나: 별로요, 그냥 ________________ 해요.

5) 가: 빌린 책은 다 읽었어요?
   나: 아니요, 책이 너무 어려워서 ________________ 했어요.

III. 듣기 연습

01 다음 대화를 듣고 (   )에 쓰십시오.

안녕하십니까? 제25회 시 낭송의 밤을 시작하겠습니다. 저는 사회를 맡은 이유미입니다. 반갑습니다. (   ) 보니까 한국 (   ) 외국 학생들도 많이 (   ). 한국의 시를 느껴 보는 좋은 기회가 되었으면 좋겠습니다. 오늘은 특별히 가을밤 분위기에 맞는 멋진 시를 많이 준비했습니다. (   ) 아까운 기회이니까 아직 여기 오지 않은 친구한테는 지금이라도 빨리 오라고 문자를 보내면 어떨까요? 자, 그럼 지금부터 낭만적이고 아름다운 시를 감상해 보시기 바랍니다. 먼저 시를 낭송해 주실 분을 소개하겠습니다. 오늘 첫 번째로 (   ) 분은 대학교 1학년 학생인 이정수 씨입니다. 낭송하실 시는 김소월 님의 산유화입니다. 잘 들어 주세요.

(음악)

산유화

김 소 월

산에는 꽃 피네 / 꽃이 피네
갈 봄 여름 없이 / 꽃이 피네
산에 / 산에
피는 꽃은 / 저만치 혼자서 피어 있네
산에서 우는 작은 새여 / 꽃이 좋아 산에서 사노라네

산에는 꽃이 지네 / 꽃이 지네
갈 봄 여름 없이 / 꽃이 지네

02 다음 대화를 듣고 (   )에 쓰십시오.

여: 어제 저는 시 낭송의 밤에 (   ) 정말 좋았어요. 낭만적인 시를 듣고 있으니까 숨을 쉴 수조차 없었어요. 왕명 씨도 갔으면 좋아했을 거예요.

남: 저는 원래 시를 안 좋아해요. 시를 (   ) 잠이 든 적도 있어요. 진나 씨는 시가 좋은 이유가 뭐예요?

여: 시를 읽으면 마음이 맑아지고 순수해져요. 그리고 시의 단어 하나하나를 느끼면서 감상하다 보면 저도 시인이 된 것 같거든요.

남: 길거나 어려운 시도 많잖아요.

여: 저도 개인적으로 길이가 너무 길거나 내용이 어려운 시는 좋아하지 않아요.

남: 고등학교 때 시를 배우는 시간이 (   ) 선생님 말씀을 (   ) 했어요. 그래서 시에 관한 시험을 보면 점수도 나빴어요.

여: 그래서 시를 더 안 좋아하는군요. 시는 이해하는 방법이 따로 있는 게 아니에요. 자신의 느낌대로 느끼는 게 가장 좋은 감상법이라고 할 수 있어요.

남: (   ) 저는 시하고 친해지기 어려운 거 같아요.

여: 꼭 그렇지는 않아요. 왕명 씨! 노래는 좋아하죠?

남: 그럼요, 어딜 가도 노래를 듣고 다니는 편이에요.

여: 노래 중에는 시에 멜로디를 (   ) 노래가 있어요. 노래 가사가 시라고 할 수 있어요.

남: 시로 노래를 (   )?

여: 그럼요, 보통 노래도 멜로디를 뺀 가사는 바로 시가 돼요. 지금 시로 만든 노래를 한번 들어 볼까요?

(김소월의 진달래꽃 – 마야의 노래)

13과 쇼핑은 어디에서 하는 게 좋아요?

I. 어휘 연습

수입	지출	이자	무이자	결제	할부	일시불
시선	소비	소비자	과소비	욕구	풍요	슬기
식료품	매장	진열장	압도적	배포하다	통제하다	

1) 이 제품은 전국 어느 ______________이든지 교환이 가능합니다.

2) 물건을 구입하는 과정에서 ______________의 권리는 보호되어야 한다.

3) 성주는 친구에게 돈을 빌려 쓰고 매달 얼마씩 ______________를 내기로 했다.

4) 경기가 좋아지면서 상인들의 ______________도 점차 늘고 있다.

5) 지수는 옷을 여러 벌 사면서 ______________로 계산했다.

6) 그 장소는 위험한 물건이 있기 때문에 사람의 출입을 ______________ 있다.

7) 소득 수준이 높아지면서 그에 따라 ______________의 수준도 올라갔다.

8) 진나는 모든 상품을 구입할 때 신용 카드로 ______________를 한다.

9) 서울시는 관광 안내 책자를 무료로 ______________ 있다.

10) 우리 팀은 어제 농구 경기에서 ______________인 점수 차로 우승을 했다.

11) 그렇게 화려하게 옷을 입고 다니면 다른 사람들의 ______________을 한 몸에 받을 수 있을 것 같네요.

12) 형은 가진 돈이 없어서 자동차를 3년 ______________로 구입했다.

13) 이 신용 카드는 백화점에서 오만 원 이상 결제 시 ______________ 할부를 할 수 있다.

14) 동생이 백화점에 갈 때마다 ______________를 해서 걱정이야.

15) 유미는 이번 달 수입에 비해 지나치게 ______________이 많아 남편과 싸웠다.

16) 그 친구는 경제적으로 ______________를 누리며 살았지만 어려운 사람을 잘 도와준다.

17) 신상품은 ______________에 눈에 띄게 놓아야 손님들이 관심을 가질 수 있다.

18) 학생들의 다양한 ______________를 모두 충족시킬 수는 없다.

19) 그는 ______________를 발휘해서 위급한 상황에서 벗어났다.

20) 백화점에서 음식을 파는 ______________ 매장은 대개 지하 1층에 있다.

II. 문법과 표현

1. N롭다

보기

자유　　흥미　　평화　　명예　　신비

1) 가: 이 그림을 왜 좋아해요?
   나: 산과 호수의 경치가 ____________ 좋아해요.

2) 가: 요즘은 이 노래를 자주 듣네요. 저는 그냥 그렇던데.
   나: 전체적으로 ____________ 느낌이 들어서 좋아요.

3) 가: 새로 들어간 회사는 어때요?
   나: ____________ 분위기에서 편하게 일할 수 있어서 마음에 들어요.

4) 가: 선원들을 구했지만 배를 잃은 선장님은 앞으로 어떻게 하기로 했나요?
   나: 선장님은 ____________ 물러나기로 결정했대요.

5) 가: 무엇을 그렇게 열심히 봐요?
   나: 신문에 ____________ 기사가 많이 있어서 읽고 있어요.

2. A/V-(으)ㄹ 텐데 // N일 텐데

1) 가: 여기에 있는 음식을 제가 먹어도 될까요?
   나: 그럼, 공부하느라 ________________ 어서 먹어.

2) 가: 경치가 너무 좋아 보여요. 저도 밖에 나가고 싶어요.
   나: 다음 주에는 ________________ 조금만 참으세요. 퇴원하면 놀러 가요.

3) 가: 어느 회사에 지원할지 아직도 결정을 못했어요.
   나: 이번 주말이 ________________ 아직도 결정을 못하면 어떻게 해요?

4) 가: 오전에는 실내에 있고 오후에 나가기로 해요.
   나: 오후에는 ________________ 오전에 나갑시다.

5) 가: 내일 제가 몇 시부터 근무하면 됩니까?
   나: 오늘 야근을 해서 ________________ 늦게 나오세요.

3. A/V-았/었더라면 // N이었/였더라면

1) 가: 이번 학기에는 장학금을 받지 못했어요.

나: 조금만 더 ________________ 받을 수 있었을 거예요.

2) 가: 저 멋진 집에 살고 싶어요.

나: 복권에 ________________ 저 집에 살 수 있었을 거예요.

3) 가: 왕명 씨가 제시간에 와서 발표 준비를 도와줬어요.

나: 왕명 씨가 ________________ 큰일 날 뻔했겠네요.

4) 가: 날씨가 너무 더워서 경기에서 이길 수가 없었어요.

나: 날씨가 조금만 ________________ 이길 수 있었을 거예요.

5) 가: 왜 남자 친구와 함께 오지 않았어요?

나: 남자 친구와 싸웠어요. ________________ 함께 왔을 거예요.

4. N을/를 비롯하여

1) 가: 국가경제회의에는 누가 참석합니까?

나: ________________ 장관들이 참석합니다.

2) 가: 외국 생활의 어려움은 어떤 것이 있습니까?

나: ________________ 음식 문제가 있습니다.

3) 가: 한국의 큰 도시는 어디입니까?

나: ________________ 부산, 대전, 인천, 대구 등입니다.

4) 가: 여행을 갈 때 무엇을 준비해야 합니까?

나: ________________ 나침반과 물, 옷 등이 필요합니다.

5) 가: 문화 체험은 누가 갈 예정입니까?

나: ________________ 우리 반 학생 전원이 갈 예정입니다.

III. 듣기 연습

01 다음 대화를 듣고 (   )에 쓰십시오.

한국 관광 공사는 올해 한국을 방문하고 돌아가는 외국인 관광객을 대상으로 설문 조사를 (   ). 설문 조사 내용은 한국 여행의 목적과 소비 유형에 관한 것이었습니다.

이 조사는 올해 1월부터 12월까지 매월 인천 국제공항, 김포 공항, 김해 공항, 제주 공항, 인천항, 부산항에서 한국 여행을 마치고 돌아가는 외국인 관광객 1만 1,978명을 (   ) 이루어졌습니다.

설문 조사 결과는 (   ). 먼저 외국인 관광객의 한국 방문 횟수를 물어보는 질문에는 처음이라고 대답한 사람이 (   ) 가장 많았습니다. 그리고 한국 방문 목적은 주로 출장이나 사업이 많았고 다음이 휴가인 것으로 조사되었습니다.

휴가지로 한국을 선택한 이유로는 쇼핑이 44.4%로 가장 많았고, 그 다음이 음식, 그리고 가까운 거리 순으로 (   ). 외국인 관광객이 가장 많이 방문한 곳은 서울이 74.5%로 가장 많았고 이어서 인천, 부산, 민속촌 순이었습니다. 서울 지역에서는 명동을 가장 많이 방문한 것으로 나타났고 다음이 동대문 시장, 남대문 시장, 고궁 순이었습니다.

외국인 관광객이 방한 기간 중 가장 많이 하는 활동은 쇼핑이 57.1%로 압도적으로 많았습니다. 그리고 가장 많이 구입한 쇼핑 품목은 화장품이 38.1%, 의류가 26.6%, 식료품이 23.0% 순이었습니다. 주 쇼핑 장소로는 공항 면세점이 절반 정도 (   ), 다음으로 백화점과 소규모 상점이 뒤를 (   ).

02 다음 대화를 듣고 (   )에 쓰십시오.

왕 명: 유미 씨, 저 주말에 쇼핑을 하고 싶은데요. 어디로 가면 좋을까요?

유 미: 쇼핑할 곳은 정말 많지요. 그런데 왕명 씨가 (   ) 사실지, 어떤 종류를 좋아하는지에 따라 달라요.
참! 제게 《서울 앤드 쇼핑》이라는 쇼핑 가이드북이 있어요. 이 책 한번 보세요. 이걸 보시면 좀 도움이 (   ).

왕 명: 와, 제가 가고 싶은 곳들이 여기 다 나와 있어요.

유 미: 맞아요. 서울 곳곳에 있는 쇼핑 장소를 (   ) 만든 책이에요. 영어, 일본어, 중국어로 (   ) 왕명 씨가 보시기에 어렵지 않을 거예요.

왕 명: 이 책은 어디에서 살 수 있어요?

유 미: 아, 그건 파는 것이 아니라 무료로 (   ) 거예요. 관광 안내소나 호텔, 백화점, 면세점 등에 있어요. 서울의 대표적 명소인 명동, 동대문, 남대문, 인사동, 청담동과 같은 인기 쇼핑 장소와· 쇼핑 품목에 대한 것이 (   ) 나와 있어요.

왕 명: 이걸 보면 어디로 쇼핑 가야 할지 잘 알 수 있겠네요.

유 미: 네, 예를 들면, 남대문에는 아동복이 많고, 인사동은 한국적인 멋을 간직한 선물을 (   ) 명동에서 어떤 품목을 살 때 어느 쇼핑 센터로 가면 좋은지에 대해 (   ) 잘 정리되어 있어요.

왕 명: 그럼 이 책은 상점 주인들이 자신의 가게를 광고하기 위해 만든 책인가요?

유 미: 아니에요. 그렇진 않아요. 관광객들이 좀 더 편리한 쇼핑을 할 수 있도록 도와주고, 새로운 쇼핑 지역으로 (   ) 서울을 세계에 널리 (   ) 서울시에서 만든 책이에요. 일 년에 2회 정도 발간되고 있어요.

왕 명: 이 책, 제가 가져가서 봐도 될까요?

유 미: 물론이에요. 잘 보시고 쇼핑 가고 싶은 곳이 있으면 말해 주세요. 함께 가요.

왕 명: 정말요? 얼른 (   ) 봐야겠어요.

14과 유미 씨 남편이 주부 겸 직장인이라면서요?

I. 어휘 연습

사생활	가치관	인식	차별 / 평등	대우	지위
한계	비율	체면	맞벌이	호감	과반수
도대체	침해하다	극복하다	반영하다	두드러지다	

1) 연예인의 개인 생활에 지나치게 관심을 가지는 것도 ________ 침해가 된다.

2) 현대 사회에는 양보와 배려라는 ________이 필요하다.

3) 길거리에 쓰레기를 버리고도 잘못을 ________ 못하다니!

4) 남자나 여자나 ________ 없이, ________하게 대우 받아야 합니다.

5) 사람은 ________가 높을수록 마음이 겸손해야 합니다.

6) 내 한국어 실력의 ________를 뛰어넘어 두 시간 이상이나 한국인 친구들과 토론을 했다.

7) 아버지는 자신의 ________을 차리기 위해 환갑잔치를 성대하게 했다.

8) 요즘에는 ________ 부부가 많습니다.

9) 성격과 취미가 비슷한 사람에게 ________을 가지게 됩니다.

10) 왕명 씨는 ________ 찬성을 얻어 우리 반 반장이 되었다.

11) 우리 반 남자와 여자의 ________________은 5:3으로 남자가 더 많습니다.

12) 그렇게 열심히 했는데도 성적이 떨어진 이유가 ________________ 뭔지 모르겠다.

13) 부모님의 반대를 ________________하고 결혼에 성공했습니다.

14) 선생님께서 우리들의 의견을 ________________ 모임의 장소를 결정하셨다.

15) 지금 유행하는 감기의 가장 ________________ 증상은 고열과 기침이다.

16) 사랑하는 사이에서도 ________________ 말아야 할 사생활이 존재한다.

17) 엄마는 야채 가게의 단골손님이어서 야채 가게 주인에게 특별한 ________________ 를 받고 있다.

MEMO

II. 문법과 표현

1. A-다면서요? // V-ㄴ/는다면서요? // N(이)라면서요?

1) 가: 그 영화가 ______________________________?
   나: 네, 정말 그래요. 꼭 보세요.

2) 가: ____? (다이어트)
   나: 이번에는 반드시 성공할 거예요.

3) 가: 왕명 씨가 ______________________________? (요리사)
   나: 응, 나도 몰랐지 뭐야.

4) 가: 한국 식당으로 갑시다.
   나: 괜찮겠어요? 김치를 ______________________________?

5) 가: 왜 안 자고 있어? ______________________________?
   나: 꼭 봐야 할 드라마가 있어서.

2. V-(으)ㄹ 겸(해서) // N 겸(해서)

1) 가: 그 사람이 그렇게 대단해요?
   나: 그럼요, ___________________________ 쉬운 일이 아니지요. (의사, 배우)

2) 가: 이번 주말에 명동에 갈 거야.
   나: 그래? ______________________________ 구경 갈 건데. (쇼핑하다)

3) 가: 뭐 볼까요? 한국 영화를 볼래요?
   나: ___________________________ 한국 영화를 봅시다. (한국어 공부하다)

4) 가: 저녁밥하기 귀찮은데 어쩌지?
   나: ___________________________. 굶지 뭐. (살 빼다)

5) 가: 이 식탁은 너무 커서 책상을 놓을 자리가 없겠다.
   나: 그럼, ____. (식탁, 책상)

3. V-(으)ㄹ까 보다

1) 가: 주말에 뭐 할 거예요?

나: 방이 너무 지저분해서 ______________________________.

2) 가: 부모님께 성적 떨어졌다고 말씀드렸어?

나: 아니, 차라리 ______________________________.

3) 가: 부모님께 선물로 뭘 사서 갈 거예요?

나: ______________________________.

4) 가: 비가 이렇게 많이 오는데 외출할 거니?

나: ______________________________.

5) 가: 배고픈데 먹을 거 없을까?

나: ______________________________.

4. V-고 말다

1) 가: 어제는 열심히 공부했어요?

나: ______________________________.

2) 가: 유미 씨, 남자 친구와 잘 지내요?

나: ______________________________.

3) 가: 아침에 길이 매우 막히던데요?

나: ______________________________.

4) 가: 뭘 그렇게 많이 샀어요?

나: ______________________________.

5) 가: 어제 저녁 다이어트에 성공했어요?

나: ______________________________.

III. 듣기 연습

01 다음 대화를 듣고 (　　　　)에 쓰십시오.

남자와 여자는 여러 가지 면에서 생각하는 것이 많이 다른데요. 결혼에 대한 이번 조사에서도 역시 (　　　　　　　　　) 보여 주었습니다. 한 결혼 정보 회사에서는 20, 30대 미혼 남녀 496명을 대상으로 결혼에 대한 설문 조사를 했습니다.

먼저 결혼을 (　　　　　　　　　　　　　　　) 질문에 대해 남녀의 차이가 두드러지게 나타났습니다. 남성은 '결혼은 언젠가 해야 하는 필수 사항'이라는 응답에 절반이 넘는 58.6%가 동의했고, '(　　　　　　　　　　　　　) 선택 사항'이라는 응답에는 20.7%만이 동의했습니다. 이에 반해 여성은 49.1%가 '필수 사항'이라고 응답했고, 46.0%가 '선택 사항'이라고 (　　　　　　　) 결혼이라는 제도에 대해 남성보다 여성이 더 자유로운 생각을 가지고 있다는 것을 알 수 있었습니다.

다음으로 결혼을 필수 사항이라고 응답한 남녀를 대상으로, 꼭 결혼해야 한다고 생각하는 이유에 대해 (　　　　　　　　　　　　　　). 그 결과, '공동 1위'는 '사랑하는 사람과 함께 살고 싶어서'로 나타났습니다. 그러나 2위와 3위의 응답에서는 다소 차이가 있었는데요, 여성은 '혼자 살면 외로우니까'와 '늙어서 기댈 곳이 없으니까'라고 응답한 반면 남성은 '자식을 낳고 싶어서'와 '부모님에게 (　　　　　　　　) 위해서'가 각각 2위와 3위를 차지했습니다. 여성은 혼자라는 외로움 때문에, 남성은 남성으로서의 의무감 때문에 결혼을 한다고 볼 수 있겠습니다.

02 다음 대화를 듣고 (　　　)에 쓰십시오.

남: 요즘 20대 여성들 사이에 유행하는 새로운 말이 (　　　　　　　　)?

여: 그렇습니다. 바로 '알파걸'이라는 단어인데요. 공부와 운동, 일 등 모든 면에서 남자보다 뛰어난 여자들을 나타내는 말이라고 합니다.

남: 이 말은 1등, 즉 최고를 (　　　　　　　　　　) 알파라는 글자를 사용해서 만든 단어라고 들었습니다. 이런 말이 생겨난 이유는 무엇이라고 생각하십니까?

여: 여성의 교육 수준이 점차 (　　　　　　) 사회 각 분야에 뛰어난 여성들이 차지하는 비율이 크게 늘어났기 때문이라고 볼 수 있습니다. 여성들이 그러한 사람들을 보면서 자신들도 노력하면 될 수 있다는 희망과 목표를 갖게 된 거죠.

남: 그렇군요. 이번 조사 결과를 보니까 알파걸은 남에게 (　　　　　　　　　　) 일을 하는 것이 아주 중요하다고 생각하고 있던데요.

여: 맞습니다. 그래서 스스로 경제적 능력을 가지는 것을 (　　　　　　　) 생각하는 것이죠.

남: 알파걸들이 사회적으로 (　　　　　　　　　　) 줄 것으로 보이는데요. 어떤 것이 있을까요?

여: 요즘 결혼을 늦게 하고 미혼 남녀가 늘어나고 있는 가장 큰 원인도 바로 알파걸이 많아졌기 때문이지요.

남: 네. 잘 알겠습니다. 오늘 우리 시대 (　　　　　) 알파걸인 이유미 씨를 모시고 이야기 나누고 있습니다. 청취자 여러분, 광고 듣고 잠시 후 다시 (　　　　　　　　).

15과 어렵다 하더라도 공약은 지켜야지요

I. 어휘 연습

선거	후보자	공약	유세	지지
당선	정당	국회 의원	임기	성원하다
권력	도덕성	권리 / 의무	국방	국토
출마하다	선출하다	뽑다	동원하다	

1) 그 사람은 국회 의원 __________를 모두 마치고 고향으로 돌아갔다.

2) 우리 반에서 유미를 반장 __________로 추천했다.

3) 제자들을 올바른 길로 인도하는 것이 스승의 __________라고 할 수 있다.

4) 한국에서는 5년마다 대통령 __________를 시행한다.

5) 그분은 대다수 국민의 __________로 대통령이 되었다.

6) 그 정치인은 계속 나쁜 소문이 들려서 __________에 대해 의심하는 사람이 많다.

7) 국회 의원 후보자가 여러 곳을 다니면서 __________ 있다.

8) 지난주에 학생들이 학교 회장을 ________________.

9) 각 나라들은 __________을 튼튼히 하기 위해 최신 무기를 개발하고 있다.

10) 국민들에게 많은 지지를 받은 김 후보는 ________________으로 선출됐다.

11) 이번에 개봉하는 한국 영화는 배우들도 연기를 잘하고 내용도 재미있어서 관객을 ________________ 데에 문제가 없을 것이다.

12) 선거 때마다 후보자들은 국민들에게 많은 것을 __________으로 내걸지만 당선이 되면 그것을 잊는 경우가 많다.

13) 사람은 누구나 자신의 재산을 보호할 __________가 있다.

14) 같은 생각을 갖는 사람들이 모여 __________을 설립했다.

15) 그 후보자는 어떤 정당에도 가입하지 않고 무소속인 상태에서 __________.

16) 한 나라의 통치권이 미치는 지역을 __________라고 말한다.

17) 교수님께서는 언제나 내가 하는 일에 __________을 보내 주신다.

18) 박 후보는 국회 의원 __________ 소식을 듣고 매우 기뻐했다.

19) 그 정치가는 자신이 가진 __________을 이용해 가난하고 어려운 사람들을 도왔다.

20) 반 아이들은 인기가 좋은 아이를 반장으로 __________ 싶어 했다.

MEMO

II. 문법과 표현

1. A/V-(으)ㄹ뿐더러 // N일뿐더러

1) 가: 얼마 전에 입사한 신입 사원은 어때?
   나: 일도 ________________ 성격도 좋아.

2) 가: 건강을 위해 피해야 할 음식은 무엇입니까?
   나: 먼저 기름진 음식을 피해야 합니다.
   기름진 음식을 자주 먹으면 살이 ________________ 성인병에 걸릴 위험도 높아지니까요.

3) 가: 친구에게 줄 선물로 어떤 꽃이 좋을까요?
   나: 라일락이 어떨까요? 라일락은 모양도 ________________ 향기도 좋잖아요.

4) 가: 사람들이 왜 그분을 좋아하는 거예요?
   나: 그분은 재능이 ________________ 겸손하기도 하니까요.

5) 가: 전화로 만나자고 해 놓고 왜 약속 장소에 안 나왔어?
   나: 무슨 말이야? 나는 전화도 안 ________________ 만나자고도 안 했어.

2. N에 따르면 / 의하면

1) 가: 성주 씨 여자 친구는 어떤 사람이라고 해요?
   나: ____.

2) 가: 요즘 우리 회사 사정이 어떤 것 같아요?
   나: ____.

3) 가: 내년 주가는 어떻게 될 것 같습니까?
   나: ____.

4) 가: 우리 학교에 대한 외부의 평가는 어떻습니까?
   나: ____.

5) 가: 김 선생님이 학교를 그만두셨다고요?
   나: ____.

3. [A/V-(으)면] A/V-(으)ㄹ수록

1) 가: 외국어를 몇 살부터 배우면 좋을까요?
   나: 나이가 ________________ 좋대요.

2) 가: 사업이 잘돼서 걱정도 없으시겠어요.
   나: 아니에요. 사업이 ________________ 걱정도 많아지는 것 같아요.

3) 가: 한국말을 배운 지 1년이 다 됐으니 이제는 한국말이 쉬우시죠?
   나: 아니에요. ________________ 어려운 것 같아요.

4) 가: 여자 친구와는 잘 지내고 있어?
   나: 글쎄, ________________ 여자 친구의 마음을 모르겠어.

5) 가: 어떤 책을 읽으면 좋을까?
   나: 이 책을 읽어 봐. ________________ 책에 빠져 드는 기분이야.

4. A-다(고) 하더라도 // V-ㄴ/는다(고) 하더라도

1) 가: 내일 같이 생일 파티에 가자.
   나: 생일 파티가 정말 ________________ 갈 수가 없어. 할 일이 너무 많거든.

2) 가: 음식이 이렇게 맛있는데 정말 안 먹을 거야?
   나: 응, 음식이 진짜 ________________ 절대로 안 먹을 거야.
   난 다이어트 중이거든.

3) 가: 전화하면 그 친구가 올지도 모르잖아.
   나: 아니야. 그 친구는 내가 ________________ 안 올 사람이야.

4) 가: 오늘 하루만 공부하면 시험 준비는 다 끝나는 거예요?
   나: 아니요, 오늘 하루 종일 시험공부를 ________________ 범위가 너무 많아서
   다 끝내지는 못 할 거예요.

5) 가: 이 일이 힘들 텐데 정말 하실 거예요?
   나: 네, 정말 ________________ 도전해 보겠어요.

III. 듣기 연습

01 다음 대화를 듣고 (　　　　)에 쓰십시오.

남: 유미 씨, 지금 어디 갔다 와요?

여: 국회 의원 유세하는 것을 보고 (　　　　　　　　　　　).

남: 후보자 중에 마음에 드는 사람은 있어요?

여: 후보자들의 공약이 모두 (　　　　　　) 누구를 선택해야 할지 잘 모르겠어요. 성주 씨는 국회 의원으로 찍을 사람을 결정했어요?

남: 아니요, 저는 선거에 별로 관심이 없어서 후보자가 누구인지도 몰라요.

여: 민주 사회에서 선거에 (　　　　　　) 일은 우리의 권리이고 의무예요. 우리의 의견을 대표해 줄 수 있는 사람들을 우리가 선택해야 해요. 그래서 사회의 문제점을 고쳐 나가도록 해야 돼요. 그럼 더욱 행복한 사회가 되지 않겠어요?

남: 우와! 유미 씨 말을 들을수록 투표에 참여해야겠다는 생각이 드네요. 유미 씨는 후보자를 선택할 때 무엇을 가장 중요하게 생각해요?

여: 전 (　　　　　　) 가장 중요하다고 생각해요. 자신이 한 약속을 꼭 지켜야지요. 공약이 아무리 좋아도 임기 4년 동안 그것을 이룰 수 없다면 아무 소용이 없죠.

남: 또 다른 건 없어요?

여: 그 다음으로 중요한 건 도덕성이에요. 일반적으로 인간으로서 해야 할 일과 하지 말아야 할 일을 잘 알고 실천한다면 (　　　　　　　　　　　)라고 생각해요.

02 다음 대화를 듣고 (　　　)에 쓰십시오.

사랑하는 학우 여러분!

추운 겨울도 지나가고 (　　　　　　　　　　) 되었습니다.

새 학년을 맞아 처음 실시되는 중앙대학교 외국인 학생회장 선거는 외국인 학생 모두에게 의미 있는 일이라고 생각합니다. 저는 희망찬 미래를 설계하고 여러분 모두에게 (　　　　　　　　　　) 드리기 위해 이번 선거에 출마한 기호 2번, 이성주입니다. 제가 여러분들의 지지와 성원으로 회장에 (　　　　　　　　　　) 다음과 같은 일들은 꼭 하려고 합니다.

첫째, 여러분의 행복한 학교 생활을 위해 열심히 노력하겠습니다.

공부로 지친 몸과 마음을 위해 최고의 신체 단련실과 수면실, 음악 감상실을 운영하도록 하겠습니다. 또한 좋은 영화를 일주일마다 한 편씩 상영할 것입니다.

둘째, 선배님들과 (　　　　　　　　　　) 많이 만들겠습니다. 이를 위해 정기적으로 체육 대회를 개최하겠습니다. 이외에도 선후배 간의 정을 (　　　　　　　　　　) 자리를 만드는 일에도 최선을 다하겠습니다.

셋째, 열심히 공부할 수 있는 분위기를 만들어 나가겠습니다.

그러기 위해서 전공 강의실과 세미나실에 의견함을 설치하여 여러분의 목소리를 듣겠습니다. 여러분! 기호 2번, 이성주는 용기가 있고 자신이 있습니다. 그리고 정직하고 성실합니다. 믿어 주십시오. 그리고 지켜봐 주십시오. 이제 선택은 여러분들의 것입니다.

찍어도 결코 (　　　　　　　　　　) 후보, 바로 기호 2번, 이성주입니다.

16과 동물은커녕 인간도 지구에서 살 수 없게 되는 거죠

I. 어휘 연습

온난화	기상 이변	해수면	진행	지원	어학 실력
치명적	조만간	가라앉다	잠기다	상승하다	검토하다
이주하다	헤매다	생존하다	빼앗다	훈련시키다	(영향을)미치다
살아남다	숙련되다	보존하다			

1) 요즘에는 ____________이 많이 일어나서 가을에도 폭설이 내리곤 합니다.

2) 우리는 조상이 물려준 전통 문화유산을 잘 ____________ 합니다.

3) 내일 발표할 내용에 틀린 것이 없는지 ____________ 중입니다.

4) 여름이 되자 점점 기온이 ____________ 있습니다.

5) 잘 모르는 곳에 갈 때는 지도를 잘 확인하고 가야 합니다.
그렇지 않으면 ____________ 쉽습니다.

6) 저번 주말에 시작한 백화점 세일이 아직도 ____________ 중이라고 합니다.

7) 그렇게 추운 지방에서 사람이 ____________ 수 있다는 것은 놀라운 일입니다.

8) 무역 회사에 취직하고 싶으면 ____________을 쌓는 것이 중요합니다.

9) 이번 비행기 사고로 ____________ 사람은 한 사람도 없습니다.

10) 조금만 기다리세요. 대학 합격자는 ____________ 발표할 것입니다.

11) 다른 나라로 ____________ 것을 이민이라고 합니다.

12) 성주는 문제를 다 푼 후에도 시간이 남아 답을 바르게 썼는지를 ____________.

13) 이 단체에서는 우수한 학생들에게 연구비 ____________을 하고 있다.

14) 기온이 높아지면서 얼음이 녹아 지구 전체의 ____________이 상승했다.

15) 북극의 얼음이 점점 녹는 것은 ____________ 때문에 벌어지는 현상이다.

16) 부서진 배에서 빠져나온 기름이 해안가를 ____________으로 오염시켰다.

17) 시간이 지나자 물 위에 있던 것들도 물속으로 천천히 ____________.

18) 그는 새로운 작업에 ____________까지 많은 시간과 노력을 들였다.

19) 성주는 동생에게서 자동차 장난감을 ____________.

20) 스케이트 강사는 스케이트를 타기 전에 기본적인 동작을 ____________.

21) 갑자기 내린 많은 비 때문에 한강 공원이 물에 ____________.

MEMO

Ⅱ. 문법과 표현

1. N은/는커녕

1) 가: 오늘이 생일이시죠? 미역국은 드셨어요?
   나: ________________ 물 한잔도 못 마셨어요.

2) 가: 주말에 뭐 하셨어요? 놀이공원에 갔다 오셨어요?
   나: ________________ 집 앞 공원에도 못 갔어요.

3) 가: 이번 학기에는 장학금을 받으셨어요?
   나: ________________ 진급도 못했어요.

4) 가: 시험 문제가 어려웠나요?
   나: ________________ 제 동생도 풀 수 있을 만큼 쉬웠어요.

5) 가: 이번 대회에서 금메달을 땄나요?
   나: 아뇨, ________________ 동메달도 못 땄어요.

2. V-느라고

1) 가: 어제는 댁에서 푹 쉬셨나요?
   나: 아뇨, 발표 준비를 ________________ 못 쉬었어요.

2) 가: 여행은 잘 다녀오셨어요?
   나: 아뇨, 여행 가서 아이들을 ________________ 여행을 잘 못했어요.

3) 가: 유학 생활을 어떻게 보냈어요?
   나: 아르바이트를 ________________ 힘들게 보냈어요.

4) 가: 저에게 왜 연락을 안 하셨어요?
   나: 죄송해요. 이사한 후 집 안 정리를 ________________ 너무 바빴어요.

5) 가: 왜 숙제를 안 했어요?
   나: 주말에 고향 친구가 와서 친구와 ________________ 못 했습니다.

3. A/V-(으)ㄴ/는 데다가 // N인 데다가

1) 가: 왜 문화 체험을 안 갔어요?
   나: 감기에 ________________ 급한 일이 생겨서 못 갔어요.

2) 가: 왜 여자 친구를 좋아해요?
   나: 보시다시피 ________________ 착해서 좋아해요.

3) 가: 그 학생은 왜 그렇게 한국말을 잘해요?
   나: 엄마가 한국 ________________ 열심히 해서 그래요.

4) 가: 중국어를 전공하는 이유가 뭐예요?
   나: 제가 중국어를 ________________ 부모님께서도 권하셔서요.

5) 가: 이 식당은 어때요?
   나: 음식 값이 ________________ 맛도 있어요.

4. N이/가 되도록 // N이/가 넘도록 / 지나도록

1) 가: 남편이 어제 몇 시에 집에 들어왔어요?
   나: 밤 12시가 ________________ 안 들어왔어요.

2) 가: 친구에게서 메일이 왔어요?
   나: 아뇨, 바로 보낸다고 했는데 ________________ 안 보냈어요.

3) 가: 열심히 공부하고 있어요?
   나: 물론이죠, 어제도 새벽이 ________________ 공부했어요.

4) 가: 교수님께서 답장을 주셨어요?
   나: 아뇨, 편지를 보낸 지 ________________ 답장을 안 보내세요.

5) 가: 갈비탕은 어떻게 만들어요?
   나: 끓는 물에 고기를 넣고 ________________ 끓여야 해요. (12시간)

III. 듣기 연습

01 다음 대화를 듣고 (   )에 쓰십시오.

(남)

나는 키리바시 대통령입니다. 국제 사회에 (   ) 이 자리에 섰습니다. 해수면 상승으로 인해 우리나라는 조만간 바다 속으로 (   ) 것입니다. 작은 우리나라는 바닷물이 점점 올라가는 것을 막을 방법도 힘도 없습니다. 국제 사회가 앞으로 어떠한 (   ) 제시해도 지구 온난화가 이미 진행 중이어서 우리가 살기에는 때가 늦었습니다. 우리 국민들은 더 이상 이 아름다운 섬에서 평화로운 생활을 할 수 없게 된 것입니다. 우리 국민들은 이제 여기를 (   ). 그래서 우리 정부는 국민들을 다른 나라로 이주시키는 것을 본격적으로 검토하는 중입니다. 나는 우리 국민들을 환경 난민이 아닌 숙련된 노동자로 훈련시켜 보내고 싶습니다. 그러기 위해서는 지금 당장 국내에서 직업 훈련을 시키고 어학 실력을 키워야 합니다. 그러기 위해서는 국제 사회의 많은 지원과 비용이 (   ). 그래서 이렇게 국제 사회의 도움을 구하고자 합니다.

환경 난민

02 다음 대화를 듣고 (   )에 쓰십시오.

여: 요즘 지구 온난화 문제가 정말 심각한 것 같아요.

남: 맞아요. 얼마 전에 '북극곰의 눈물'이라는 프로그램을 봤는데 지구 온난화는 인간에게만 (   ) 미치는 것이 아니라 동물들에게도 (   ) 영향을 미치고 있더라고요.

여: 아! 그 프로그램요? 저는 보지는 못하고 이야기만 들었어요. 어떤 내용이었어요?

남: 중앙 방송국 제작팀이 직접 북극에 가서 300일 동안 취재를 한 건데요. 현재 북극의 모습과 그 속에서 살아가는 사람들과 동물들의 모습을 담은 프로그램이에요. 그 프로그램을 보고 느낀 점이 많았어요. 북극곰은 먹이를 사냥하거나 생활을 할 때에도 얼음 위에서 하기 때문에 '얼음곰'이라고도 (   ). 그만큼 얼음이 북극곰에게는 중요한 것이지요.

여: 그런데 얼음이 없어지고 있으니 정말 (   ).

남: 그래서 요즘 북극곰은 바다를 건너다가 익사하기도 하고 먹을 것이 없어서 수백 킬로미터를 (   ) 한대요. 원래 북극곰들은 얼음 위로 올라오는 바다표범과 같은 먹이를 잡아먹고 겨울 내내 잠을 잔대요. 그런데 옛날에 비해 얼음이 줄어든 데다가 먹이도 많이 줄어서 살기가 힘들어진 것이지요. 그래서 때로는 새끼까지 잡아먹는 일도 있대요. 얼음이 다 녹으면 북극곰이 어떻게 살아갈지 정말 걱정돼요.

제작팀 / 취재하다 / 바다표범

17과 인터넷 예매를 많이 하다 보니 잘하게 됐어요

I. 어휘 연습

무대	좌석	행위	반입	금지	역동적
관람하다	삼가다	금하다	완료하다	응모하다	당첨되다
독특하다	성숙하다	쌓이다	활성화하다	자신이 있다/없다	

1) 조명이 밝아지자 ________________에 서 있는 두 명의 배우가 보였다.

2) 고속버스에 ________________이 없어서 우리는 서서 가야만 했다.

3) 쓰레기를 아무 곳에나 버리는 것은 올바르지 않은 ________________이다.

4) 도서관에는 음식 ________________이 불가능합니다.

5) 여기는 차들이 많이 다니는 곳이라서 주차 ________________ 장소입니다.

6) 왕명은 한국어에는 ________________, 영어에는 ________________.

7) 유미는 열심히 백화점 행사에 ________________ 결과 상품권을 받았다.

8) 그 가수는 콘서트에서 ________________으로 춤을 추며 노래를 불렀다.

9) 공기가 좋지 않을 때에는 가급적 외출을 ________________ 게 좋다.

10) 학교에서는 학생들에게 흡연을 못하게 ________________ 있습니다.

11) 소극장의 설립이 연극 공연의 ________________로 이어졌다.

12) 제가 산 복권에 ________________ 제일 먼저 자동차를 살 거예요.

13) 신체뿐 아니라 정신이 ________________ 어른이라고 할 수 있다.

14) 이 음식 이름이 뭐야? 먹어 보지 못한 맛이야. 정말 ________________ 맛이야.

15) 책상에 먼지가 많이 ________________ 청소 좀 해.

16) 좋은 좌석에서 공연을 ________________ 위해 새벽부터 와서 줄을 섰다.

17) 모든 준비를 ________________ 바로 말씀드리겠습니다.

MEMO

II. 문법과 표현

1. A/V-던가요? // N(이)던가요?

1) 가: 유미 씨한테 선물을 하고 싶은데요, 유미 씨는 ________________?

   나: 유미 씨는 꽃을 정말 좋아해요.

2) 가: 진나 씨, 이 식당에 와 본 적이 있었다면서요? 여기 음식이 ____________?

   나: 그럼요. 모두에게 알려주고 싶어서 여기에 오자고 했어요.

3) 가: 이번 성탄절에는 눈이 올까?

   나: 벌써 __________________? 시간 참 빠르네.

4) 가: 이번 주말까지 숙제를 다 내세요.

   나: 숙제 마감이 이번 ____________________?

5) 가: 중앙대에 가려면 흑석역에서 내려야 합니까?

   나: 그래요? 중앙대가 __________________ 저는 잘 모르겠어요.

2. A/V-(으)ㄹ 듯하다 // N일 듯하다

1) 가: 저 사람은 유미 씨와 정말 닮았네요.

   나: ____.

2) 가: 왕명 씨가 한국에 언제 올까요?

   나: 한 달 뒤에 온다고 했으니까 이번 주에 _____________________________.

3) 가: 이 옷을 줄리아 씨가 좋아할까요?

   나: ____.

4) 가: 이번 연말 시상식에서 어느 가수가 상을 탈까요?

   나: 보나마나 ____.

5) 가: 이 음식은 맛이 어떨까요?

   나: 빨간색인 걸 보니 ____.

3. V-고 보니

1) 가: 주소를 다 쓰셨으면 저한테 주십시오.

나: ______________________________. 다시 써야겠어요.

2) 가: 어제 새로 산 옷을 왜 안 입었어요?

나: ______________________________. 그래서 교환하려고 해요.

3) 가: 10년 만에 친구를 만났다고요?

나: ______________________________. 못 알아볼 뻔했어요.

4) 가: 설명이 끝났습니다. 이제 잘 이해가 되십니까?

나: ______________________________. 설명 감사합니다.

5) 가: 이번 주 숙제는 다 하셨어요?

나: ______________________________. 다시 해야겠어요.

4. V-다 보니

1) 가: 한국어가 늘었네요. 어떻게 공부했어요?

나: ______________________ 한국말을 잘하게 되었어요.

2) 가: 성주는 아는 것이 참 많은 것 같아요.

나: ______________________ 아는 것이 많아졌대요.

3) 가: 지난번 발표할 때보다 더 잘하는 것 같아요.

나: ______________________ 잘하게 되었어요.

4) 가: 작년보다 연주 실력이 좋아진 것 같아요.

나: ______________________ 연주를 더 잘하게 됐어요.

5) 가: 운전이 서툴다고 했는데 좋아졌네요.

나: ______________________ 자신감이 생겼어요.

III. 듣기 연습

01 다음 대화를 듣고 (　　　　)에 쓰십시오.

남(외국인): 한국에서 (　　　　　　　　　　　) 어디로 가야 해요? 공연장이 모여 있는 곳이 있어요?

여(한국인): 그럼요. 지하철 4호선을 타고 혜화역에서 (　　　　　　　　). 대학로라고도 하는데, 그곳에 가면 여러 가지 연극과 뮤지컬 공연을 하는 소극장이 모여 있어요.

남(외국인): 그렇군요. 그런데 거기에 가면 (　　　　　) 큰 공연도 볼 수 있나요? 저는 대형 극장에서 큰 공연을 보고 싶어서요.

여(한국인): 물론 볼 수 있어요. 특별히 보고 싶은 공연이라도 있어요? 무슨 공연을 보고 싶은지 말해 주시면 공연장을 (　　　　　　　　　　).

남(외국인): 네, '난타'나 '비보이를 사랑한 발레리나' (　　　　　　　　) 좋고 한국에서 만든 '대장금'이나 '명성황후' 같은 뮤지컬도 좋고요.

여(한국인): 아, 그러면 그중에 볼 것을 (　　　　　　　　) 전용 공연장을 찾아가시면 돼요. 전용 극장은 공연을 더 재미있고 편리하게 볼 수 있어서 좋아요. 여기 공연장 안내 책자가 있어요. 광화문과 종로, 정동 거리를 잇는 공연 예술의 거리를 소개하고 있는 책이에요. (　　　　　　　　　).

02 다음 대화를 듣고 (   )에 쓰십시오.

저희 공연에 와 주신 여러분 감사합니다.

이제 곧 공연이 시작되오니 모두 자리에 (   ) 감사하겠습니다. 그러면 공연 관람 시 몇 가지 (   ) 말씀드리도록 하겠습니다.

첫째, 공연 중 동영상 및 사진 촬영을 (   ). 특히 관객석에서 촬영하시는 카메라의 불빛은 무대에서 공연을 하는 배우와 다른 관객 여러분들에게 방해가 됩니다. 또한 공연 중 휴대폰 사용도 (   ) 바랍니다.

둘째, 공연장으로 음식물을 가지고 들어오실 수 없습니다.

셋째, 공연 중 자리를 (   ) 옆 사람과 대화하는 것을 삼가 주시기 바랍니다.

넷째, 공연 중간에 쉬는 시간이 약 20분 정도 있습니다. 이때 공연 시작 5분 전까지는 입장을 (   ) 바랍니다.

마지막으로 공연 후에 배우들과 사진 촬영을 하고 사인을 받는 자리가 마련되어 있으니 많은 참여 부탁드립니다.

그러면 지금부터 공연을 (   ) 하겠습니다. 즐거운 시간되시기 바랍니다. 감사합니다.

18과 보나 마나 굉장할 거야

I. 어휘 연습

화랑	벽화	창작	허공	표출	작품
사실적	환상적	독창적	세기	아무래도	허전하다
기발하다	왕성하다	조성하다	초월하다	활동하다	

1) 그 소설은 문학사에 길이 남을 훌륭한 ______________이었다.

2) 서울시는 한강에 시민 공원을 ______________.

3) 그 영화배우는 나이가 많은데도 불구하고 ______________ 활동을 하고 있다.

4) 새로운 작품을 ______________하는 것은 작가에게 고통이 따르는 힘든 일이다.

5) 제 동생은 항상 아무도 생각하지 못한 ______________ 생각을 하여 다른 사람들을 깜짝 놀라게 한다.

6) 사람들은 옷을 통해서 자신의 개성을 ______________한다.

7) 부모님께서 여행을 가시니까 집이 ______________.

8) ______________에 가면 미술 작품을 감상할 수 있고 직접 구입할 수도 있다.

9) 그 그림은 다른 그림과는 다르게 ______________으로 그린 작품이다.

10) 옛날 왕의 무덤에는 무용, 사냥, 씨름 등을 그린 ______________가 있다.

11) 인터넷은 시간과 공간을 ______________ 언제 어디서든지 사람들과 교류할 수 있다.

12) 한 _______는 100년이에요. 올해가 2020년이니까 21_______예요.

13) 관중들은 ______________ 공연을 보여 준 가수에게 큰 박수를 보냈다.

14) 진나가 나를 어떻게 생각하는지는 ______________ 상관없었다.

15) 그 가수는 예전에 영화배우로도 ______________ 출연한 영화 몇 편이 흥행에 성공했다.

16) 담배 연기는 곧 ______________으로 사라져 버렸다.

17) 이 그림의 사람들은 동작 하나하나가 ______________으로 표현되어 있었다.

MEMO

II. 문법과 표현

1. N(이)고 N(이)고

1) 가: 학교하고 학원 중 어디에서 공부를 해야 성적이 오를까요?
   나: ______________________ 간에 열심히 하면 돼요.

2) 가: 오늘 저녁에는 뭘 먹을까?
   나: ______________________ 간에 잠이나 자야겠어요. 너무 피곤해요.

3) 가: 인터넷의 사용이 10년 동안 빠른 속도로 증가했어요.
   나: 맞아요. 요즘은 ______________________ 간에 모두 인터넷을 해요.

4) 가: 어젯밤에 불이 났다면서요?
   나: 네. ______________________ 간에 모두 타버렸대요.

5) 가: 저건 인형이 아니라 사람 같아.
   나: 보기에는 그렇지만 ______________________ 느끼지 못하는 인형일 뿐이야.

2. A/V-(으)ㄴ 셈이다 // N인 셈이다

1) 가: 가격이 똑같은데 왜 저것을 사지 않고 이것을 사요?
   나: 가격은 같지만 이것은 증정품을 줘요.
   그러니까 이 제품이 더 ______________________.

2) 가: 이제 한 시간 후면 새해가 돼요! 신난다!
   나: 네, 진짜 올해도 ______________________ 셈이네요.

3) 가: 와아! 진나 씨, 매운 김치도 잘 먹네요.
   나: 그럼요. 저도 매운 한국 음식을 잘 먹으니까 벌써 반쯤은 ______________.

4) 가: 이제 부산까지 1Km밖에 남지 않았어요.
   거의 ______________________.

5) 가: 오늘이 기말고사예요.
   나: 맞아요. 이번 학기도 다 ______________________.

3. V-아/어 대다

1) 아이는 과자를 달라고 ________________________.

2) 많은 사람들이 그를 바보라고 ________________________.

3) 그 사람은 항상 쉬지 않고 음식을 ________________________.

4) 그들은 서로 잘못이 없다고 ________________________.

5) 자신의 요구를 들어주지 않자 길에 앉아 ________________ 시작했다.

4. V-(으)나 마나

1) 가: 마이클 씨가 아직 안 왔어요. 전화해 볼까요?
   나: ________________ 안 받을 거예요.

2) 가: 주말이라 극장에 사람이 많겠지요? 한번 가 볼까요?
   나: ________________ 사람이 많을 거예요.

3) 가: 왕명 씨의 고민이 뭔지 들어봐야겠어요.
   나: ________________ 왕명 씨의 고민은 공부입니다.

4) 가: 이 과자 제가 만든 과자예요. 한번 먹어볼래요?
   나: ________________ 맛있을 거예요.

5) 가: 제 동생이 공부를 너무 못해요. 제가 한번 가르쳐 볼까요?
   나: ________________ 화만 날 거예요.

III. 듣기 연습

01 다음 대화를 듣고 (   )에 쓰십시오.

고(故) 백남준 씨는 예술에 대한 (   ) 보여 주었던 예술가로서 비디오 아트라는 새로운 예술 장르를 개척하였다. 그는 음악과 미술 그리고 행위 예술가로서 (   ) 도전을 시도하여 (   )을 보여 주었다. 그 결과 인간의 삶을 예술이라는 높은 단계로 끌어올렸고 세계적인 비디오 아티스트가 되었다.

백남준 씨가 세상을 떠난 지 1년이 되었다. 문화 예술계는 고인의 예술 세계를 기념하기 위해 다양한 행사를 (   ). 특히, 화랑에서는 백남준 씨를 추모하는 전시가 다양하게 열렸고 백남준 특별 우표도 발행될 예정이다.

이 우표는 백남준 씨를 (   ) 발행되는 것으로서 그의 예술 작품을 우표에 담아 만들어질 것이다. 우표의 가격은 250원이고 다음 주 월요일부터 전국 우체국에서 (   ). 우표의 종류는 그림에 따라 4가지이며 한 종류에 45만 장씩 발행될 것이다.

MEMO

02 다음 대화를 듣고 (   )에 쓰십시오.

손 님(여): 안녕하세요? 새로 이사한 집에 그림을 (   ) 어떤 게 좋을까요?

화랑 직원(남): 특별히 좋아하는 작가가 있으십니까?

손 님(여): 아니요, 저는 그림에 대해서는 잘 모릅니다. 그냥 거실 벽이 허전해서 그림을 걸고 싶어요.

화랑 직원(남): 거실 가구의 색이 (   ), 아니면 어두운 편입니까?

손 님(여): 소파와 오디오, 장식장이 모두 갈색이에요. 벽지 색깔은 하얀색이고요.

화랑 직원(남): 그러면 조금 밝은 분위기의 작품이 좋을 것 같습니다. 이 그림은 어떻습니까? 갈색 분위기의 거실과 잘 (   ) 같은데요?

손 님(여): (   ) 느낌을 주는 작품이어서 거실에 잘 어울릴 것 같아요. 하지만 저는 보고 있으면 편안한 느낌을 주는 그림을 걸어 두고 싶어요.

화랑 직원(남): 그러면 이 작품은 어떻습니까? 전체적으로 (   ) 자연미를 살린 작품이라 편안한 느낌이 있지 않습니까?

손 님(여): 네, 괜찮은데요? 비슷한 느낌의 다른 그림은 없어요?

화랑 직원(남): 다른 그림을 (   ) 이게 제일 (   ). 원하시면 다른 작품도 보여 드리죠. 저기 한번 보시죠.

손 님(여): 셋 중에 (   ) 그림이 가장 마음에 들어요. 전체적인 색의 느낌이 좋고 자연을 소재로 한 작품이라서 편안한 느낌을 주네요. 연못 한쪽의 개구리 두 마리도 무척 재미있고요.

19과 요즘은 IT의 시대라지요?

I. 어휘 연습

정보 기술(IT)	분야	기반	설치	조립
정보화	이동 통신	최강국	매개체	필수적
일단	획기적	투자하다	다루다	손꼽히다
지망하다	내다보다	눈부시다	속하다	

1) 판소리의 내용은 옛날이야기를 ______________으로 구성되었다.

2) 주민들은 초등학교 앞 신호등 ______________에 적극적으로 찬성했다.

3) 몸이 좋지 않으면 집에 있지 말고 ______________ 병원부터 가 보세요.

4) 장난감 자동차 ______________을 끝내고 나니 저녁이 다 되어 있었다.

5) 인간은 언어를 ______________로 하여 의사소통을 한다.

6) 내 친구는 집안 형편이 어려워서 대학에 ______________ 것을 포기했다.

7) 아침에 일어났을 때 해가 ______________ 떠오르고 있었다.

8) 그 모임에 ______________ 사람들은 예전부터 잘 알고 있는 사이이다.

9) 역사를 열심히 공부하다 보면 미래를 ______________ 눈이 생긴다.

10) 컴퓨터와 스마트 폰을 널리 사용하면서 ______________ 시대가 더 빨라졌다.

11) 진나는 패션에 관심이 많아 졸업 후 의류를 ______________ 회사에 취직하고 싶었다.

12) 국민들은 정부에 대해 ______________ 개혁을 요구하고 있다.

13) 그분은 우리나라에서 ______________ 과학자이시다.

14) 등산할 때 등산화는 ______________ 갖추어야 하는 장비이다.

15) 이 연구 결과는 과학 ______________에 많은 영향을 미쳤다.

16) 월드컵에서 여러 번 우승한 브라질은 누구나 인정하는 축구 ______________이다.

17) 지금보다 ______________이 더 발전하면 앞으로의 생활은 더 편리해질 것이다.

18) 한국어 공부에 많은 시간과 노력을 ______________ 결과 토픽 시험에 합격했다.

19) 앞으로 ______________ 분야는 빠른 속도로 발전할 것이다.

MEMO

II. 문법과 표현

1. N더러

1) 가: 내 가방이 어디에 있는지 도대체 알 수가 없어.
   나: 나는 모르니까 ________________ 물어 봐. (언니)

2) 가: 아까 그 여자가 뭐라고 했어?
   나: ________________ 어디에 사냐고 물어보더라. (나)

3) 가: 내가 잘못한 게 아니에요.
   나: 누가 ________________ 잘못했대요? (유미)

4) 가: 이 일을 동생한테 하라고 할까?
   나: 어린 ________________ 그렇게 어려운 일을 하라고? (동생)

5) 가: 친구와 화해했어요?
   나: ________________ 용서해 달라고 했는데, 잘 안 돼요. (친구)

2. A-다지요? // V-ㄴ/는다지요? // N(이)라지요?

1) 가: 내일 __________________________?
   나: 네, 뉴스를 봤는데 내일 비가 온대요.

2) 가: 그 사람이 정말 __________________________?
   나: 그렇대요. IQ가 200이래요.

3) 가: 친구가 __________________________?
   나: 네, 중학교에서 수학을 가르치고 있어요.

4) 가: 선생님께서 이번 주에 많이 __________________________?
   나: 네, 너무 바쁘셔서 식사하실 시간도 없으시대요.

5) 가: 어머님께서 많이 __________________________?
   나: 그래서 병원에 입원해 계세요.

3. A-다는 // V-ㄴ/는다는 // N(이)라는

※ 보기에서 알맞은 문장을 골라서 바꿔 쓰세요.

보기	
그 가수가 명동에 음식점을 열었어요.	마이클 씨는 요리를 잘해요.
제인 씨는 밥을 많이 먹어요.	왕명 씨가 많이 아파요.
진나 씨는 중국 사람이에요.	

1) ________________ 이야기를 들었어요. 병원에 가 봐야 하지 않을까요?

2) ________________________ 소문을 들었어요. 손님이 정말 많을 것 같아요.

3) ________________ 말을 들었어요. 집안일에 관심이 많은가 봐요.

4) ________________ 사실이 재미있어요. 보기에는 먹는 걸 좋아할 것 같지 않거든요.

5) ________________ 말에 놀랐어요. 외모도 한국 사람 같고 또 한국말을 정말 잘하잖아요.

4. A-(으)ㄴ데도 불구하고 // V-는데도 불구하고 // N인데도 불구하고

1) 가: 그 친구는 새로 시작한 일을 잘하고 있어요?
   나: 네, 그 일이 힘든 ________________ 열심히 하고 있어요. (일)

2) 가: 맛이 별로 ________________ 맛있게 먹어 줘서 고마워요. (없다)
   나: 아니에요. 맛있었어요.

3) 가: 그 아저씨 어디에 가셨어?
   나: 눈이 이렇게 많이 ________________ 잃어버린 아이를 찾아야 한다고 하시면서 나가셨어. (오다)

4) 가: 이렇게 ________________ 이곳에 와 주셔서 감사합니다. (바쁘다)
   나: 아니에요, 아무리 바빠도 당연히 와야죠.

5) 가: 친구는 화가 나서 집에 갔어요?
   나: 네, 주문한 음식이 ________________ 그냥 가버렸어요. (나오다)

III. 듣기 연습

01 다음 대화를 듣고 (   )에 쓰십시오.

여: 안녕하십니까? 과학세상의 이유미입니다.
오늘은 IT (   ) 이야기를 나누어 보겠습니다.
안녕하세요, 박사님? 요즘 IT에 대한 사람들의 관심이 많은데요, IT가 (   )
간단히 말씀해 주시겠습니까?

남: IT는 한국어로 말하면 정보 기술인데요, 정보를 만들어서 보내고 (   )
필요한 기술을 말합니다. 쉽게 말씀드리면 정보를 주고받을 때 사용되는 컴퓨터나 인터넷, 휴대폰 등의 기계와 관련 있는 기술이라고 말할 수 있겠습니다.

여: 정보화 사회에서는 (   ) 기술이겠군요?

남: 그렇죠. 정보 기술은 우리 사회와 경제에 많은 (   ) 때문에 중요한 부분입니다. 앞으로 10년간은 신기술로서 세계 시장을 이끌어 갈 것으로 보입니다.

여: IT와 (   ) 개발될 수 있는 주요 산업에는 어떤 것이 있을까요?

남: 먼저 우리 생활과 (   ) 것으로, 예를 들면 지능형 자동차와 첨단 의료 기술이 있습니다. 지능형 자동차는 운전하는 사람이 운전 중에 (   )
막아 주고, (   ) 운전을 잘할 수 있도록 도와주는 차입니다.
그리고 자동으로 주차도 할 수 있습니다.

여: 주차를 잘 못하는 저에게 정말 필요한 차네요.

남: 하하하, 그렇다고 할 수 있죠. 그리고 또 위험한 수술을 하는 로봇도 이 기술로 개발할 수 있고 환자의 상태도 (   ) 온라인으로 알아볼 수도 있습니다.

여: 병원에 가지 않아도 검사를 받을 수 있다는 말씀이세요?

남: 물론이죠. 그런 것이 바로 IT 산업이 하고 있는 것들입니다.

02 다음 대화를 듣고 (   )에 쓰십시오.

아 빠: 유미야, 지금 뭐 하고 있니?

유 미: 조금 전까지 친구와 (   )를 하고 있었어요.

아 빠: 그랬구나. 세상이 참 빨리 변하는 것 같다.
예전에는 휴대 전화로 전화하고 (   ) 전부였는데.

유 미: 화면도 흑백이었다지요?

아 빠: 그랬지. (   ) 휴대 전화의 모양도 달라지고 기능도 아주 다양해진 것 같아.

유 미: 네, 이제는 휴대 전화로 인터넷 검색, 쇼핑, (   ) 하잖아요.

아 빠: 그래. 정말 많은 기능이 생겼어. 요즘은 학생증 없이도 도서관에 들어간다면서?

유 미: 네, 학생증의 정보가 휴대 전화에 들어 있어서 학생증이 없어도 휴대 전화만 있으면 도서관도 (   ) 있어요.

아 빠: 정말 세상이 많이 좋아졌다. 이제 휴대 전화는 단순히 통화를 하는 기계가 아니라 (   ) 된 것 같아.

유 미: 맞아요. 컴퓨터를 켜지 않아도 얼마든지 많은 일을 할 수 있어요.

아 빠: 그리고 텔레비전이나 영화도 볼 수 있으니 요즘 젊은 사람들은 손에서 휴대 전화를 (   ). 너도 집에 와서는 아빠와 얘기하지 않고 계속 휴대 전화만 하잖니.

유 미: 헤헤헤, 죄송해요. 친구와 얘기하고, (   ), 게임도 하고 할 게 너무 많아요.

아 빠: 그래도 휴대 전화를 많이 사용하면 (   ) 잠시 쉬면서 해.

유 미: 알았어요. 그럼 휴대 전화 그만하고 아빠하고 얘기할까요?

20과 남자다운 모습이 마음에 들었어요

I. 어휘 연습

기념하다	축복	청첩장	주례	신중하다
부케	휴양	경사	취향	판단력
인내	질투	무난하다	폐백	

1) 친구가 다음 주에 결혼한다고 ________________을 보냈어요.

2) 교수님, 제 결혼식에 ________________를 서 주시면 안 될까요?

3) 결혼식이 끝난 신부는 시부모님께 절을 하고 ________________을 올렸다.

4) 요즘 너무 일이 많아서 조용한 데 가서 ______________을 하고 왔으면 좋겠어요.

5) 결혼식이 끝날 때쯤 신부가 던지는 ______________를 신부의 친구 중 한 명이 받는다.

6) 술을 마시면 ______________이 흐려지기 쉬우니까 술을 마시고 어떤 일을 결정하지 마세요.

7) 최 씨 집 딸이 사법고시에 수석 합격을 해서 그 집에 ______________가 났어요.

8) 박보검이 멋있기는 하지만 제 ________________은 아닙니다.

9) 그 친구는 잘하는 것이 너무 많아서 사실 ________________가 날 때도 있어요.

10) 비록 내가 사랑했던 사람이지만 그 사람의 결혼을 ________________해 주고 싶어.

11) ____________________하고 기다리면 반드시 좋은 일이 있을 거예요.

12) 저는 배우자가 너무 특별한 사람보다는 ____________________ 사람이 더 좋아요.

13) 결혼 25주년을 ____________________ 것을 은혼식이라고 해요.

14) 그 사람은 ____________________ 사람인데 그렇게 성급한 결정을 했을 리가 없어.

MEMO

II. 문법과 표현

1. N답다

1) 가: 남자 친구는 어떤 사람이에요.
   나: 잘생기지는 않았지만 ________________ 사람이에요.

2) 가: 이분이 우리 아빠세요.
   나: 너무 젊어 보여서 ________________ 않은데요. 형인 것 같아요.

3) 가: 이 옷은 어때요. 저는 이 옷이 마음에 들어요.
   나: 그 옷을 입으니까 ________________ 않아요. 좀 얌전한 옷을 골라 보세요.

4) 가: 죄송합니다. 너무 화가 나서 친구를 때렸습니다.
   나: 그건 정말 ________________ 않은 행동이었어.

5) 가: 사장님께서 내일은 모두 청바지를 입고 출근하라고 하셨습니다.
   나: ________________ 아이디어네요.

2. A/V-거든

1) 가: 중국에 ________________ 꼭 연락해, 기다릴게.
   나: 물론이지 가자마자 연락할게.

2) 가: 내가 보고 ________________ 이 사진을 가지고 가서 봐.
   나: 알았어. 꼭 가지고 다닐게.

3) 가: 배가 ________________ 냉장고에 먹을 것을 찾아 봐.
   나: 찾아 봤는데 없어. 배고파 죽겠어.

4) 가: 내가 ________________ 언제든지 떠나도 돼.
   나: 그런 말씀 하지 마세요. 절대 그럴 일은 없을 거예요.

5) 가: 내일 비가 ________________ 그냥 학교로 가라.
   나: 알겠어요. 비가 안 오길 빌어야겠어요.

3. V-는 대로 // N대로

보기				
요리책	발음하다	도착하다	시키다	사진

1) 택배가 ________________ 저에게 전해 주세요.

2) 가: 이 단어의 발음이 어렵군요.
   나: 선생님이 ________________ 따라해 보세요.

3) 가: 아이고, 왜 이렇게 음식이 짜요?
   나: 그래요? ________________ 했는데 이상하군요.

4) 가: 머리를 어떻게 해 드릴까요?
   나: 여기 이 ________________ 해 주세요.

5) 그 아이는 자기 어머니가 ________________ 말을 잘 따라했어요.

4. A/V-아/어서 그런지 // N이어/라서 그런지

1) 가: 어디 아파요? 얼굴이 안 좋아 보여요.
   나: 날씨가 ____________________ 기분이 안 좋아요.

2) 가: 요즘 많이 바쁘신 것 같아요.
   나: ____________________ 할 일이 많네요.

3) 가: 왜 그렇게 많이 드세요?
   나: ____________________ 먹어도 계속 배가 고파요.

4) 가: 왕명 씨가 입사 시험에 합격했다면서요?
   나: 네, 인터뷰를 ____________________ 합격을 했대요.

5) 가: 시험이 어려웠어요?
   나: 네, 준비를 많이 ____________________ 너무 어려웠어요.

III. 듣기 연습

01 다음 대화를 듣고 (   )에 쓰십시오.

남: 여보세요, 행복 여행사 김철수 과장이라고 합니다. 무엇을 (   )?

여: 네, 신혼여행을 가려고 하는데요. 어디가 좋은지 여쭤 보고 싶어서요.

남: 신혼여행은 일생에 한 번밖에 없는 소중한 시간이니까 (   ) 고르셔야지요. 그래야 후회 없는 여행이 될 수 있습니다. 옛날에는 대부분이 제주도를 생각했는데 요즘에는 해외로 많이 가시는 편입니다. 멀리 가시는 분들도 계시지만 주로 가까운 필리핀과 태국 쪽을 많이 선택하세요.

여: 저희는 가까운 곳이 좋을 것 같은데 필리핀이나 태국 중 어느 쪽이 좋은가요?

남: 필리핀은 주로 (   ) 분들에게 좋구요. 좀 더 활동적인 관광을 좋아하신다면 태국이 좋을 것 같습니다. 그런데 신혼여행지를 선택하시기 전에 먼저 생각해야 할 것이 (   ) 있습니다.

여: 그게 뭐예요?

남: 우선, 1인당 비용을 얼마나 생각하고 있느냐는 것입니다. (   ) 있는 비용에 맞게 계획을 짜셔야 합니다. 그리고 둘째는 관광을 좋아하는지, 휴양을 좋아하는지, 아니면 관광과 휴양 둘 다 원하는지를 생각하셔야 합니다. 셋째는, 여행은 결혼식 날 출발하실 건지, 아니면 그 다음 날 출발하실 건지, 그리고 몇 박 며칠로 가실 것인지에 대해 생각하셔야 합니다.

여: 그렇군요.

남: (   ) 전에 이러한 기본적인 사항들을 생각하시고 오시면 훨씬 결정하시기가 쉽습니다.

02 다음 대화를 듣고 (   )에 쓰십시오.

여러분, 부케 아시죠? 결혼식 때 신부가 (   ) 작은 꽃다발 말이에요. 부케는 시대에 따라 유행이 다르고 신부의 (   )에 따라 선택하는 형태가 매우 다양합니다. 그러나 부케는 무엇보다도 드는 사람과 잘 어울려야 합니다. 즉 신부의 얼굴과 체형에 따라 어울리는 부케가 따로 있다는 것입니다. 그럼 사람에 따라 어떤 부케를 들어야 하는지 한번 알아볼까요?

먼저 신부의 얼굴이 큰 경우는 부케를 만들 때 큰 꽃을 사용하여 가능한 한 (   ) 만들어야 합니다. 그리고 얼굴이 작고 몸이 (   ) 너무 큰 부케는 오히려 몸을 더 왜소하게 보이게 하므로 작고 둥근 형의 부케를 드는 것이 좋습니다. 그 다음 키가 크고 뚱뚱한 경우에는 아래로 흘러내리는 스타일의 부케가 몸을 (   ) 하는 효과를 낼 수 있습니다. 이런 분들은 가능하면 긴 부케를 사용하시는 것이 좋겠습니다. 그리고 보통 키에 보통 체격의 신부들은 대부분 (   ) 무난하게 잘 어울립니다. 취향에 따라 고르셔도 무관하니까 자신의 이미지에 맞게 모양, 색깔 등을 선택하는 것이 좋습니다. 여러분은 어떤 (   ) 가진 신부입니까? 잘 생각해 보시고 여러분에게 잘 어울리는 부케를 선택하셔서 아름다운 신부가 되시기 바랍니다. 이상으로 웨딩 전문 업체 '행복한 신부'에서 (   ).

MEMO

11~15과 복습

☑ 어휘 연습

1. 다음 빈칸에 맞는 단어를 찾아 쓰십시오.

압도적	대우	무려	후원	실컷	보답
게을리	솜씨	임기	매장	차별	비율

1) 그동안 시험 기간이라 잠을 못 자서 주말 내내 잠을 ________ 자려고 한다.

2) 며칠 사이에 물가가 ________ 3배나 올라서 시장에 못 가겠어요.

3) 나는 그동안 도움을 준 사람들에게 ________을 하기 위해 작은 선물을 준비했다.

4) 고아원을 운영하려면 돈이 많이 들지만 많은 분들이 ________을 해 주셔서 운영하는 데 큰 어려움은 없다.

5) 그렇게 공부를 ________하다가는 시험에 떨어지고 말 거예요.

6) 어머니께서 옷을 만드시는 ________가 아주 훌륭하셔서 내 친구들이 부러워했다.

7) 농구 경기에서 130:50으로 우리 팀이 상대팀을 ________인 점수 차이로 이겼다.

8) 우리 회사에서 남자 직원과 여자 직원의 ________은 5 대 2이다.

9) 그는 고향에 큰 병원을 만들어 고향 사람들에게 따뜻한 ________를 받았다.

10) 한국 대통령의 ________는 5년이다. 그래서 대통령 선거가 5년마다 있다.

11) 새로 만든 백화점의 남성복 ________은 5층에 있었다.

12) 여자들은 취직할 때 남자들보다 불리할 때가 많다. 가끔 ________을 받는다는 생각이 든다.

2. 다음 빈칸에 맞는 단어를 찾아 알맞게 고치십시오.

뿌리다	비유하다	성대하다	극복하다	발휘하다	반영하다
조르다	뚜렷하다	통제하다	날카롭다	침해하다	개선하다

1) 마트에만 가면 우리 아이는 장난감을 사 달라고 너무 ________ 데리고 못 갔다.

2) 우리 학교에서는 해마다 신입생을 위한 환영회가 ________ 열린다.

3) 이번에 새로 개발된 화장품이 피부를 ________ 데에 효과가 있다고 한다.

4) 그동안 요리 학원에서 배운 요리 솜씨를 ________ 음식을 차려 볼게요.

5) 오늘 다리를 건널 수 없대요. 홍수 때문에 교통을 ________ 있대요.

6) 한국에서는 아주 용감하고 두려움을 모르는 사람을 호랑이에 ________.

7) 동철 씨는 밥을 먹을 수 없을 정도로 가난했지만 가난을 잘 ________ 성공했다.

8) 깨진 유리 조각이 ________ 조심해야 합니다.

9) 바람이 불어 구름이 없어지자 산 정상의 모습이 ________ 보였다.

10) 그는 인터넷에서 자기 이름을 밝히는 것은 개인의 자유를 ________ 것이라고 주장했다.

11) 방송국은 시청자 의견을 ________ 시청자의 불만이 없어지도록 노력해야 한다.

12) 형은 데이트가 있을 때마다 향수를 ________ 나간다.

3. 다음 밑줄 친 말과 의미가 비슷한 말을 찾아 쓰십시오.

할부	몰리다	출마하다	선출하다	당선되다	개최되다	배포하다
일시불	지참하다	결제하다	지출하다	단결하다	서투르다	

1) 배우 공유가 학교 도서관 앞에 나타나자 모든 학생들이 그에게 갑자기 <u>한꺼번에 모였다</u>.

2) 저는 한국어를 배운 지 얼마 되지 않아 한국어를 <u>잘하지 못해요</u>.

3) 이번 등산 모임에는 도시락을 꼭 <u>가지고 오세요</u>.

4) ① 5월 15일은 국회 의원을 <u>뽑는</u> 날입니다.
② 우리 아버지께서는 이번 국회 의원 선거에 <u>후보자로 나가시려고</u> 합니다.
③ 아버지께서 꼭 이번 선거에서 국회 의원으로 <u>뽑히시면</u> 좋겠습니다.

5) 냉장고 가격을 <u>한 번에</u> 내시겠어요? <u>여러 번 나누어서</u> 내시겠어요?

6) 숙박비를 카드와 현금 중 어떤 걸로 <u>내시겠어요</u>?

7) 개업을 알리는 광고 전단지를 전 지역에 <u>널리 나누어 주었다</u>.

8) 2018년 동계 올림픽은 한국 평창에서 <u>열렸다</u>.

9) 국가 경제가 매우 심각하지만 국민이 모두 <u>힘을 합하면</u> 극복할 수 있다.

10) 수진 씨는 월급 대부분을 옷을 사는 데에 <u>돈을 쓰고</u> 있다.

4. 뒤에 들어갈 단어를 쓰십시오.

1) 일본에서는 남자가 여자의 가방을 들어주면 체면이 ________ 일이라고 생각한대요.

2) 영준 씨의 얼굴은 호감이 ________ 얼굴이라서 사람들이 좋아하는 것 같아요.

3) 유미 씨는 지훈 씨와 눈이 ________ 얼굴이 빨개졌어요.

4) 사과를 깎다가 칼에 손을 ________ 피가 좀 났다.

5) 요즘 대학생들과는 세대 차이가 ________ 같이 대화하기 힘들어요.

6) 어릴 때는 몰랐는데 요즘은 하룻밤만 새워도 체력의 한계를 ________.

☑ 문법 연습

1. 다음 주어진 문법을 사용해서 문장을 완성하세요.

–더니	–았/었더니	–는 통에	–(으)ㄹ뿐더러
–(으)ㄹ까 보다	–고 말다	–다면서요?	–(으)ㄹ 겸
–(으)ㄹ 텐데	–는 둥 마는 둥 하다		

1) 가: 어제 잠을 잘 못 잤나 봐요.
   나: 네, ________________ 한숨도 못 잤어요.

2) 가: 밖이 아직도 많이 추워요?
   나: 아침에는 ________________ 오후가 되면서 많이 따뜻해졌어요.

3) 가: 왜 이 식당에는 항상 사람이 많을까요?
   나: ________________ 사람들이 많이 오나 봐요.

4) 가: 오늘 수진 씨 생일 파티에 갈 거지요?
   나: 수진 씨랑 친하지도 않고 할 일도 많아서 ________________.

5) 가: 한국어가 많이 자연스러워졌네요.

나: 고마워요, 한국 드라마를 열심히 ________________ 자연스러워진 것 같아요.

6) 가: 요즘 제나 씨가 무슨 일이 있나 봐요. 수업 시간에 보니까 다른 생각을 하더라고요.

나: 맞아요. 요즘 계속 수업을 ____.

7) 가: 마이클 씨가 집에 도착했을까요?

나: 지금쯤 집에 ______________________ 집으로 연락해 보세요.

8) 가: 한국에서는 여름에 ________________________?

나: 네, 장마가 있어서 비가 많이 와요.

9) 가: 앞으로 옷을 안 산다고 하지 않았어요?

나: 안 사려고 했는데 옷이 너무 예뻐서 ____________________.

10) 가: 방학에 뭐 할 거예요?

나: ________________________ 식당에서 아르바이트를 하려고 해요.

2. 빈칸에 알맞은 말로 문장을 완성하십시오.

1) 가: 성준 씨 결혼식에 사람들이 많이 왔나요?

나: 아니요, 친구들뿐만 아니라 부모님________ 결혼식에 오지 않으셨어요.

2) 가: 어제 축구 경기 봤어요?

나: 아니요, 텔레비전이 고장이 나서 라디오로 들으려고 했는데 ______ 고장났더라고요.

3) 우리 집은 좁아서 이곳을 주방 ________ 거실로 쓰고 있어요.

4) 뉴스________ 플라스틱이 건강에 좋지 않다고 합니다.

5) 가: 이 노래를 좋아하시나 봐요. 항상 이 노래만 듣고 있네요.

나: 이 노래는 들으면 ________ 좋거든요.

3. 다음 [보기]와 같이 틀린 것을 찾아 고치십시오.

보기

오늘은 날씨가 <u>더워서</u> 냉면을 먹읍시다.

➡ 더우니까

1) 옆에서 떠드는 통에 공부를 하지 맙시다.

2) 제나 씨가 열심히 공부했더니 장학금을 받았어요.

3) 한국 사람과 이야기하다 보니까 한국어를 잘하게 될 거예요.

4) 아침을 먹었기는 먹었지만 배가 고파요.

5) 일찍 떠났더라면 일찍 도착해요.

6) 그 가수는 서울을 비롯해서 일본에서 인기가 있어요.

7) 그 배우는 연기뿐만더러 노래도 잘한다.

8) 친구가 한국에 온다 하더라도 공항에 못 갔어요.

16~20과 복습

☑ 어휘 연습

1. 다음 빈칸에 맞는 단어를 찾아 쓰십시오.

반입	재난	분야	소재	사실적
취향	경사	설치	일단	역동적

1) 배가 고프니까 ________ 밥부터 먹고 영화 보는 게 어때요?

2) 전공을 선택할 때는 자신의 관심 ________가 무엇인지 신중하게 생각해야 한다.

3) 그 영화관은 다른 곳과 다르게 음식물 ________이 금지되어 있어요.

4) 옛날 사람들의 모습을 ________으로 표현한 그 드라마가 사람들에게 사랑을 받았다.

5) 부모님은 결혼한 지 5년 만에 아이를 얻은 아들 부부에게 ________가 났다고 좋아하셨다.

6) 지진이 나고 화산도 폭발하는 큰 ________을 당해 많은 사람들이 다쳤다.

7) 내 친구는 나와 비슷한 ________을 가져서 대화가 잘 통한다.

8) 남자들만 발레 공연을 해서 그런지 공연이 움직임도 많고 아주 ________이었어요.

9) 그는 주인에게 이사하는 날 바로 인터넷 ________가 가능한지를 물어봤다.

10) 이 영화는 실제 일어난 일을 ________로 해서 만든 영화입니다.

2. 다음 빈칸에 맞는 단어를 찾아 알맞게 고치십시오.

헤매다	손꼽다	살아남다	성숙하다	방해되다	응모하다
잠기다	삼가다	빼앗다	무난하다	독특하다	당첨되다

1) 홍수가 나서 집들이 모두 물에 ______________.

2) 이번 사고에서 대부분의 사람들이 죽고 ______________ 사람은 10명도 되지 않아요.

3) 산속에서 길을 잃어서 2시간 동안 산속을 ______________.

4) 큰 소리로 떠들면 공부하는 데 ______________ 조용히 해 주세요.

5) 추운 날씨에도 사람들은 질서를 잘 지키는 ______________ 의식을 보여 줬다.

6) 민수는 자동차를 경품으로 주는 백화점 행사에 ______________ 당첨되었다.

7) 그 시장에 가면 다른 곳에서는 볼 수 없는 ______________ 물건이 많이 있다.

8) 건강에 안 좋으니까 담배는 ______________ 것이 좋습니다.

9) 나쁜 사람들이 그 사람을 때리고 돈을 ______________.

10) 복권에 ______________ 제일 먼저 뭐 하고 싶어요?

11) 우리 학교에서 외국인은 ______________ 정도로 적어요.

12) 왕명 씨는 성적이 나쁜 편이 아니라서 ______________ 진급할 수 있을 거예요.

3. 다음에 공통적으로 들어갈 말을 쓰십시오.

1) (   )

① 그 배는 빙하에 부딪혀 바다 속으로 (   ).
② 벌레에 물려서 부었던 손가락이 오후가 되니까 많이 (   ).
③ 요즘 회사를 그만두는 사람들이 많아서 사무실 분위기가 (   ).

2) (   )

① 며칠 동안 야근을 했더니 피로가 (   ).
② 아침에 일어나니까 창문 밖에 눈이 (   ).
③ 이제 경험이 좀 (   ) 일의 속도가 빨라졌다.

3) (   )

① 밖에서 이상한 소리가 나서 창밖을 (   ).
② 경제 전문가들은 경제가 좋아질 거라고 (   ).
③ 나는 강가에 앉아서 멀리 강 건너편에 있는 집들을 (   ).

4) (   )

① 어느 학과에 (   )?
② 홍수로 피해를 입은 사람들에게 정부가 100만 원씩 (   ).
③ 대학에 떨어진 동식은 군대에 (   ).

5) (   )

① 오후 햇빛이 너무 (   ) 선글라스를 껴야 했다.
② 박지성 선수의 (   ) 활약으로 한국 팀이 우승할 수 있었다.
③ 20세기가 되면서 자연 과학이 (   ) 발전하고 있다.

6) (   )

① 이 악기를 (   ) 줄 아세요?
② 이 책은 중요한 사회 문제를 (   ) 있다.
③ 이 물건은 깨지기 쉬우니까 조심해서 (   ) 주세요.

4. 다음 밑줄 친 말과 바꾸어 쓸 수 있는 말을 찾아 쓰십시오.

머지않아	필수적	상승하다	신중하다	완료하다

1) 중요한 일일수록 급하게 결정하지 말고 <u>조심스럽게 생각해서</u> 결정하세요.

2) <u>조만간</u> 회사를 옮기게 될 것 같아요.

3) 지구 온난화로 지구의 온도가 점점 <u>올라가고</u> 있다고 해요.

4) 요즘 휴대 전화는 누구에게나 <u>꼭 있어야 하는 것</u> 중의 하나입니다.

5) 공사를 다음 달 말까지 <u>끝내려고</u> 합니다.

5. 다음 빈칸에 들어갈 말을 쓰십시오.

1) 그 지역은 홍수가 ______________ 대부분 물에 잠겼다.

2) 남자 친구와 궁합을 ______________ 별로 좋지 않다고 해서 속상해요.

3) 텔레비전은 나이가 어린 아이들에게 많은 영향을 ______________ 수 있어요.

4) 가: 현수 씨가 이번에도 자기가 한 말을 지키지 않았지요?
나: 네, 현수 씨처럼 약속을 ______________ 사람도 없을 거예요.

5) 한국의 급속한 경제 성장은 수출에 기반을 ______________ 이루어졌다.

6) 가: 비가 아직도 와요?

나: 아니요, 비가 ______________. 해가 나고 있어요.

7) 가: '명성황후'라는 뮤지컬 봤어요?

나: 네, 우리나라뿐만 아니라 미국에서도 성공을 ______________ 들었어요.

☑ 문법 연습

1. 다음 주어진 문법을 사용해서 문장을 완성하세요.

-느라고	-거든	-(으)나 마나	-다지요?	-(으)ㄴ/는데도 불구하고
-던가요?	-다는	-는 대로	-다 보니	-아/아서 그런지

1) 가: 선생님, 이 단어가 발음이 어려워요. 어떻게 발음하죠?

나: 그래요? 그럼 제가 ______________ 잘 따라 해 보세요.

2) 가: 영수 씨가 오늘은 일찍 올까요?

나: ______________ 늦게 올 테니까 기다리지 맙시다.

3) 가: 어제 극장에 사람이 많았어요?

나: 아니요, ______________ 사람이 별로 없더라고요.

4) 가: 준수 씨가 병원에 입원했다면서요?

나: 네, 맞아요. 생각해 보니까 요즘 계속 ______________ 말을 했었어요.

5) 가: 한국 겨울은 ______________?

나: 네, 우리나라는 겨울에 정말 추워요.

6) 가: 저 드라마는 유명한 배우들이 나와서 인기가 많겠어요?

나: 아니에요, 저 드라마는 ______________ 인기가 없어요.

7) 가: 어제 왜 학교에 안 오셨어요?

나: 출입국 관리 사무소에 ____________________.

8) 가: 고향에 갈 때 ____________________?

나: 생각보다 길이 막히지 않았어요.

9) 가: 이 약을 먹어도 좋아지지 않으면 어떻게 해요?

나: ____________________ 병원에 가 보세요.

10) 가: 왜 이렇게 살이 쪘어요?

나: 매일 야식을 ____________________ 이렇게 살이 쪘네요.

2. 빈칸에 알맞은 말로 문장을 완성하십시오.

1) 가: 오늘 개교기념일이라서 2,000원짜리 커피가 100원이에요.

나: 그래요? 100원이면 커피가 공짜____________________.

2) 가: 가족들이 집안일을 잘 도와주나요?

나:____________________ 자기 방도 안 치워요.

3) 가: 동생이 아직도 안 들어왔어요?

나: 네, 밤 12시가 ____________________ 들어오지 않아서 걱정이 돼요.

4) 가: 왜 버스에서 내렸어요?

나: 105번인 줄 알고 탔는데 버스를 ____________________ 150번이더라고요.

5) 가: 저 식당에 사람이 많군요.

나: 식당에 사람이 많은 걸 보니 ____________________.

6) 가: 민수 씨가 많이 아픈가요?

나: 네, 열이 많이 ____________________ 기침도 심하게 해요.

3. 다음에서 틀린 것을 찾아 고치십시오.

1) 부산에 도착하거든 전화했습니다.

2) 어제 추우느라고 감기에 걸렸어요.

3) 오늘 중간고사 끝나고 민수 씨의 표정이 안 좋은 걸 보니 시험을 잘 못 볼 듯해요.

4) 우리 아이는 성숙해서 참 어른답습니다.

5) 저는 영희더러 비밀을 말했어요.

알기 쉽고 재미있는

중앙 한국어 워크북 4

하

정답지

11과 너무 붐비는 통에 구경할 수 없었어요

I. 어휘 연습

1) 유래 2) 전시될 3) 화풀이 4) 보답 5) 참여
6) 게을리 7) 단결 8) 뿌린 9) 자극적인 10) 무려
11) 졸라보았지만 12) 기분 전환 13) 후원했다 14) 실컷 15) 성대한
16) 몰렸다 17) 개최하였다

II. 문법과 표현

1. 1) 너나 할 것 없이 치마를 짧게 입고 다니는 것 같아요
2) 여학생 남학생 할 것 없이 인기가 아주 많으세요
3) 남자나 여자나 할 것 없이 집안일은 같이 해야 된다고 생각해요
4) 불고기는 한국인이나 외국인 할 것 없이 다 좋아하는 음식이에요
5) 어른 아이 할 것 없이 에버랜드에 가는 걸 좋아해요

2. 1) 뿌리는 통에 2) 이야기하는 통에
3) 우는 통에 4) 울리는 통에
5) 오는 통에

3. 1) 비가 오더니 날씨가 추워졌어요
2) 아이스크림을 많이 먹더니 배탈이 났어요
3) 전에는 며칠 밤을 새워도 괜찮더니 요즘은 그렇지 않아요
4) 어제는 기운이 없어 보이더니 오늘은 힘이 나 보이네요
5) 잘못을 하더니 벌을 받고 말았어요

4. 1) 하기는 했지만 2) 춥기는 춥지만
3) 연기를 잘하기는 잘하지만 4) 멀기는 멀지만
5) 학생이기는 학생이지만

12과 열심히 연습을 했더니 좋아졌어요

I. 어휘 연습

1) 묘사하는 2) 동기 3) 솜씨 4) 덧붙이는 5) 아무튼
6) 발휘했다 7) 낭송하게 8) 나타내고 9) 암기해 10) 날카롭다
11) 표현 12) 선명하게 13) 섬세하게 14) 순수한 15) 비유했다
16) 뚜렷한

II. 문법과 표현

1. 1) 이름조차 2) 학생조차
3) 발음조차 4) 부인조차
5) 너조차

2. 1) 운동을 했더니 2) 일어났더니
3) 갔더니 4) 썼더니
5) 했더니

3. 1) 만나다 보면 2) 노력하다 보면
3) 마시다 보면 4) 쓰다 보면
5) 놀다 보면

4. 1) 듣는 둥 마는 둥 2) 먹는 둥 마는 둥
3) 일하는 둥 마는 둥 4) 신경을 쓰는 둥 마는 둥
5) 읽는 둥 마는 둥

13과 쇼핑은 어디에서 하는 게 좋아요?

I. 어휘 연습

1) 매장 2) 소비자 3) 이자 4) 수입 5) 일시불
6) 통제하고 7) 소비 8) 결제 9) 배포하고 10) 압도적
11) 시선 12) 할부 13) 무이자 14) 과소비 15) 지출
16) 풍요 17) 진열장 18) 욕구 19) 슬기 20) 식료품

II. 문법과 표현

1. 1) 평화로워서 2) 신비로운
3) 자유로운 4) 명예롭게
5) 흥미로운

2. 1) 배고플 텐데 2) 퇴원할 텐데
3) 마감일 텐데 4) 더울 텐데
5) 피곤할 텐데

3. 1) 열심히 했더라면 2) 당첨되었더라면
3) 안 왔더라면 4) 덥지 않았더라면
5) 싸우지 않았더라면

4. 1) 대통령을 비롯하여 2) 언어 문제를 비롯하여
3) 서울을 비롯하여 4) 지도를 비롯하여
5) 반장을 비롯하여

14과 유미 씨 남편이 주부 겸 직장인이라면서요?

I. 어휘 연습

1) 사생활 2) 가치관 3) 인식하지 4) 차별, 평등 5) 지위
6) 한계 7) 체면 8) 맞벌이 9) 호감 10) 과반수
11) 비율 12) 도대체 13) 극복 14) 반영하여 15) 두드러지는
16) 침해하지 17) 대우

II. 문법과 표현

1. 1) 그렇게 재미있다면서요? 2) 성주 씨가 또 다이어트를 한다면서요?
3) 요리사라면서? 4) 못 먹는다면서요?
5) 졸리다면서?

2. 1) 의사 겸 배우를 한다는 건 2) 나도 쇼핑할 겸해서
3) 한국어 공부할 겸 4) 그러면 살도 뺄 겸
5) 식탁 겸 책상으로 쓰면 될 것 같아

3. 1) 대청소나 할까 봐요. 2) 그냥 거짓말할까 봐.
3) 글쎄요, 화장품이나 살까 봐요. 4) 아니, 그냥 집에서 잠이나 잘까 봐.
5) 아무것도 없어. 라면이나 끓여먹을까 봐.

4. 1) 아니요, 좋아하는 드라마를 보며 놀고 말았어요.
2) 성격이 안 맞아서 헤어지고 말았어요.
3) 그래서 결국 지각하고 말았어요.
4) 그러게요. 있던 돈을 다 써버리고 말았어요.
5) 너무 배가 고파서 야식까지 먹고 말았어요.

15과 어렵다 하더라도 공약은 지켜야지요

I. 어휘 연습

1) 임기　2) 후보자　3) 의무　4) 선거　5) 지지
6) 도덕성　7) 유세하고　8) 선출했다　9) 국방　10) 국회 의원
11) 동원하는　12) 공약　13) 권리　14) 정당　15) 출마했다
16) 국토　17) 성원　18) 당선　19) 권력　20) 뽑고

II. 문법과 표현

1. 1) 잘할뿐더러　2) 찔뿐더러
3) 예쁠뿐더러　4) 있을뿐더러
5) 했을뿐더러

2. 1) 친구들 말에 따르면 아주 착하다고 해요
2) 소문에 따르면 회사 사정이 좋지 않다고 해요
3) 주식 시장에 따르면 주가가 큰 폭으로 오를거라고 해요
4) 외부 사람들에 따르면 별로 좋지 않다고 해요
5) 네, 소문에 따르면 미국으로 유학 가셨다고 해요

3. 1) 적으면 적을수록 / 어리면 어릴수록
2) 잘되면 잘될수록　3) 배우면 배울수록
4) 사귀면 사귈수록　5) 읽으면 읽을수록

4. 1) 재미있다고 하더라도　2) 맛있다고 하더라도
3) 전화를 한다고 하더라도　4) 한다고 하더라도
5) 힘들다고 하더라도

16과 동물은커녕 인간도 지구에서 살 수 없게 되는 거죠

I. 어휘 연습

1) 기상 이변　2) 보존해야　3) 검토하는　4) 상승하고　5) 헤매기
6) 진행　7) 생존할　8) 어학 실력　9) 살아남은　10) 조만간
11) 이주하는　12) 검토했다　13) 지원　14) 해수면　15) 온난화
16) 치명적　17) 가라앉았다　18) 숙련되기　19) 빼앗았다　20) 훈련시켰다
21) 잠겼다

II. 문법과 표현

1. 1) 미역국은커녕　2) 놀이공원은커녕
3) 장학금은커녕　4) 어렵기는커녕
5) 금메달은커녕

2. 1) 하느라고　2) 챙기느라고
3) 하느라고　4) 하느라고
5) 노느라고

3. 1) 걸린 데다가　2) 예쁜 데다가
3) 사람인 데다가　4) 공부하는 데다가
5) 싼 데다가

4. 1) 되도록　2) 자정이 되도록
3) 되도록　4) 일주일이 지나도록
5) 12시간이 지나도록

17과 인터넷 예매를 많이 하다 보니 잘하게 됐어요

I. 어휘 연습

1) 무대　2) 좌석　3) 행위　4) 반입　5) 금지
6) 자신이 있지만 / 자신이 없다　7) 응모한　8) 역동적　9) 삼가는
10) 금하고　11) 활성화　12) 당첨되면　13) 성숙해야　14) 독특한
15) 쌓였으니까　16) 관람하기　17) 완료하면

II. 문법과 표현

1. 1) 무엇을 좋아하던가요?　2) 맛있던가요?
3) 성탄절이던가요?　4) 주말이던가요?
5) 흑석역에 있던가요?

2. 1) 유미 씨 동생일 듯해요　2) 도착할 듯해요
3) 줄리아 씨에게 어울릴 듯해요　4) (　　)이/가 수상할 듯해요
5) 매울 듯해요

3. 1) 주소를 다 쓰고 보니 잘못 썼네요　2) 입고 보니 너무 작아요
3) 만나고 보니 친구가 살이 많이 빠졌어요　4) 설명을 듣고 보니 이해가 됩니다
5) 숙제를 하고 보니 답이 많이 틀렸어요

4. 1) 한국 친구를 자주 만나다 보니　2) 다양한 종류의 책을 읽다 보니
3) 수업 시간에 자주 발표하다 보니　4) 친구들과 모여서 같이 연습하다 보니
5) 시간이 날 때마다 운전하다 보니

18과 보나 마나 굉장할 거야

I. 어휘 연습

1) 작품	2) 조성하였다	3) 왕성한	4) 창작	5) 기발한
6) 표출	7) 허전했다	8) 화랑	9) 독창적	10) 벽화
11) 초월해서	12) 세기	13) 환상적인	14) 아무래도	15) 활동하며
16) 허공	17) 사실적			

II. 문법과 표현

1. 1) 학교고 학원이고　2) 저녁이고 뭐고
3) 시골이고 도시고　4) 집이고 차고
5) 기쁨이고 슬픔이고

2. 1) 싼 셈이에요　2) 다 간
3) 한국인인 셈이에요　4) 다 온 셈이에요
5) 끝난 셈이에요

3. 1) 울어댄다　2) 놀려 댔다
3) 먹어 댔다　4) 우겨 댔다
5) 졸라 대기

4. 1) 전화하나 마나　2) 가보나 마나
3) 들어보나 마나　4) 먹어보나 마나
5) 가르쳐 보나 마나

19과 요즘은 IT의 시대라지요?

I. 어휘 연습

1) 기반	2) 설치	3) 일단	4) 조립
5) 매개체	6) 지망하는	7) 눈부시게	8) 속한
9) 내다보는	10) 정보화	11) 다루는	12) 획기적인
13) 손꼽히는	14) 필수적으로	15) 분야	16) 최강국
17) 정보 기술	18) 투자한	19) 이동 통신	

II. 문법과 표현

1. 1) 언니더러 2) 나더러
3) 유미더러 4) 동생더러
5) 친구더러

2. 1) 비가 온다지요? 2) 천재라지요?
3) 선생님이라지요? 4) 바쁘시다지요?
5) 편찮으시다지요?

3. 1) 왕명 씨가 많이 아프다는 2) 그 가수가 명동에 음식점을 연다는
3) 마이클 씨는 요리를 잘한다는 4) 제인 씨는 밥을 많이 먹는다는
5) 진나 씨는 중국 사람이라는

4. 1) 일인데도 불구하고 2) 없는데도 불구하고
3) 오는데도 불구하고 4) 바쁜데도 불구하고
5) 나오는데도 불구하고

20과 남자다운 모습이 마음에 들었어요

I. 어휘 연습

1) 청첩장 2) 주례 3) 폐백 4) 휴양 5) 부케
6) 판단력 7) 경사 8) 취향 9) 질투 10) 축복
11) 인내 12) 무난한 13) 기념하는 14) 신중한

II. 문법과 표현

1. 1) 남자다운 2) 아빠답지 3) 학생답지
4) 너답지 5) 사장님다운

2. 1) 가거든 2) 싶거든 3) 고프거든
4) 싫거든 5) 오거든

3. 1) 도착하는 대로 2) 발음하는 대로 3) 요리책대로
4) 사진대로 5) 시키는 대로

4. 1) 흐려서 그런지 2) 책임자라서 그런지 3) 배가 고파서 그런지
4) 잘 해서 그런지 5) 안 해서 그런지

11과~15과 복습

☑ 어휘 연습

1. 1) 실컷　2) 무려　3) 보답　4) 후원
5) 게을리　6) 솜씨　7) 압도적　8) 비율
9) 대우　10) 임기　11) 매장　12) 차별

2. 1) 졸라서　2) 성대하게　3) 개선하는　4) 발휘해서
5) 통제하고　6) 비유한다　7) 극복하고　8) 날카로우니까
9) 뚜렷하게　10) 침해하는　11) 반영해서　12) 뿌리고

3. 1) 몰리다　2) 서투르다　3) 지참하다　4)-① 선출하다
4)-② 출마하다　4)-③ 당선되다　5) 일시불, 할부　6) 결제하다
7) 배포하다　8) 개최되다　9) 단결하다　10) 지출하다

4. 1) 깎이는(깎이다)　2) 가는(가다)　3) 마주치자(마주치다)　4) 베어(베다)
5) 나서(나다)　6) 느껴요(느끼다)

☑ 문법 연습

1. 1) 아이들이 떠드는 통에　2) 춥더니
3) 값도 쌀뿐더러 맛도 있어서　4) 안 갈까 봐요
5) 봤더니　6) 듣는 둥 마는 둥 해요
7) 도착했을 텐데　8) 비가 많이 온다면서요
9) 사고 말았어요　10) 한국어도 배울 겸

2. 1) 조차　2) 라디오마저　3) 겸　4) 에 의하면　5) 들을수록

3. 1) 맙시다 ➡ 못했어요

2) 공부했더니 ➡ 공부하더니

3) 될 거예요 ➡ 됐어요

4) 먹었기는 ➡ 먹기는

5) 도착해요 ➡ 도착했을 거예요

6) 일본에서 ➡ 전국에서

7) 연기뿐만더러 ➡ 연기뿐만 아니라

8) 못 갔어요 ➡ 안 갈 거예요

16과~20과 복습

☑ 어휘 연습

1. 1) 일단　2) 분야　3) 반입　4) 사실적
5) 경사　6) 재난　7) 취향　8) 역동적
9) 설치　10) 소재

2. 1) 잠겼다　2) 살아남은　3) 헤맸다　4) 방해되니까
5) 성숙한　6) 응모해　7) 독특한　8) 삼가는
9) 빼앗았다　10) 당첨되면　11) 손꼽을　12) 무난하게

3. 1) 가라앉다　2) 쌓이다　3) 내다보다　4) 지원하다
5) 눈부시다　6) 다루다

4. 1) 신중하다(신중하게)　2) 머지않아　3) 상승하다(상승하고)　4) 필수적인
5) 완료하다(완료하려고)

5. 1) 나서　2) 봤는데　3) 줄 / 끼칠 / 미칠　4) 어기는
5) 두고　6) 그쳤어요　7) 했다고 / 거두었다고

☑ 문법 연습

1. 1) 하는 대로　2) 보나 마나
3) 비가 와서 그런지 / 평일이라서 그런지　4) 아프다는
5) 춥다지요　6) 유명한 배우들이 나오는데도 불구하고
7) 가느라고 못 갔어요 / 왔어요　8) 길이 막히던가요
9) 약을 먹어도 좋아지지 않거든　10) 먹다 보니

2. 1) 인 셈이네요 2) 도와주기는커녕 3) 되도록 / 넘도록 / 지나도록
4) 타고 보니 5) 음식이 맛있을 듯해요 6) 날뿐더러 / 나는 데다가

3. 1) 전화했습니다 ➡ 전화하세요 / 전화해 주세요
2) 추우느라고 ➡ 추워서
3) 잘 못 볼 듯해요 ➡ 잘 못 본 듯해요
4) 어른답습니다 ➡ 어른스럽습니다
5) 더러 ➡ 에게 / 한테